通往心灵自由之路

［墨］堂·米格尔·路易兹（Don Miguel Ruiz） 珍妮特·米尔斯（Janet Mills）著 刘勇军 译

驱散人生迷雾的
四个约定

THE FOUR AGREEMENTS

湖南文艺出版社
HUNAN LITERATURE AND ART PUBLISHING HOUSE

博集天卷
CS-BOOKY

著作权合同登记号：图字 18-2023-081

图书在版编目（CIP）数据

通往心灵自由之路 /（墨）堂·米格尔·路易兹（Don Miguel Ruiz），珍妮特·米尔斯（Janet Mills）著；刘勇军译 . -- 长沙：湖南文艺出版社，2023.4（2025.3 重印）

书名原文：The Four Agreements: A Practical Guide to Personal Freedom

ISBN 978-7-5726-1098-1

Ⅰ . ①通… Ⅱ . ①堂… ②珍… ③刘… Ⅲ . ①人生哲学—通俗读物 Ⅳ . ① B821-49

中国国家版本馆 CIP 数据核字（2023）第 046960 号

上架建议：畅销·心理励志

TONGWANG XINLING ZIYOU ZHI LU
通往心灵自由之路

著　　者	［墨］堂·米格尔·路易兹（Don Miguel Ruiz）　珍妮特·米尔斯（Janet Mills）
译　　者	刘勇军
出 版 人	陈新文
责任编辑	刘雪琳
监　　制	邢越超
特约策划	李齐章
特约编辑	万江寒
营销支持	文刀刀　周　茜
版权支持	刘子一
版式设计	潘雪琴
封面设计	利　锐
内文排版	百朗文化
出　　版	湖南文艺出版社 （长沙市雨花区东二环一段 508 号　邮编：410014）
网　　址	www.hnwy.net
印　　刷	三河市兴博印务有限公司
经　　销	新华书店
开　　本	775 mm × 1120 mm　1/32
字　　数	63 千字
印　　张	5.75
版　　次	2023 年 4 月第 1 版
印　　次	2025 年 3 月第 2 次印刷
书　　号	ISBN 978-7-5726-1098-1
定　　价	42.00 元

若有质量问题，请致电质量监督电话：010-59096394
团购电话：010-59320018

献给火焰之环；

献给那些已经逝去之人、

在世之人，

以及即将到来之人。

致 谢

感谢我的母亲萨丽塔，是她教会我无条件的爱；感谢我的父亲何塞·路易斯，是他教会我自律自强；感谢我的祖父莱昂纳多·马西亚斯，是他给了我打开托尔特克人神秘大门的钥匙；还要感谢我的儿子米格尔、何塞·路易斯和莱昂纳多。

我想对加亚·詹金斯和特雷·詹金斯表达诚挚的谢意，感谢你们的无私奉献。

我想向珍妮特·米尔斯表达我深切的谢意——你不仅是出版商、编辑，也是信徒。我也永远感谢雷·钱伯斯为我指明了道路。

我还要致敬我亲爱的好友吉尼·金特里，他思维敏捷、信念坚定，常常能打动我的心。

　　我还要向许多人致敬，他们无私地付出了时间和精力帮助我校对书稿内容。其中有：盖伊·巴克利、泰德和佩吉·拉伊斯、克里斯蒂尼·约翰逊、朱迪·里德·弗鲁鲍尔、维基·莫丽娜、大卫和琳达·迪波、伯纳黛特·维吉尔、辛西娅·伍顿、艾伦·克拉克、丽塔·里维拉、凯瑟琳·查斯、斯蒂芬妮·布鲁尔、陶德·卡普瑞利安、格伦纳·奎格利、艾伦和兰迪·哈德曼、辛迪·帕斯科、特里和查克·考吉尔、罗伯特和戴安·帕兹、西里·吉安·辛·卡尔萨、希瑟·艾什、拉里·安德鲁斯、朱迪·席尔瓦、凯洛琳·西普、金·霍夫、默塞德·赫拉德曼德、戴安娜和斯凯·弗格森、克里·克罗皮德洛夫斯基、史蒂夫·哈森堡、达拉·萨洛尔、华金·加尔万、伍迪·博布、瑞秋·格雷罗、马克·格肖恩、科莱特·米坎、勃兰特·摩根、凯瑟琳·基尔戈尔（凯蒂·考尔）、迈克尔·吉拉迪、劳拉·哈尼、马克·克罗普汀、温迪·博布、埃德·福克斯、雅丽·贾达、玛丽·卡罗尔·纳尔逊、阿玛里·马格德拉纳、珍妮安·道、罗斯·维纳布尔、顾和玛雅·卡尔萨、马塔吉·罗西塔、弗雷德和马里恩·瓦蒂内利、黛安·劳伦特、V.J.波里奇、盖尔·道恩·普莱斯、芭芭拉·西蒙、帕蒂·托雷斯、凯伊·汤普森、拉明·亚兹达尼、琳达·莱特福特、特里·戈顿、多萝西·李、J.弗兰克、詹妮弗和珍妮·詹金斯、乔治·戈顿、蒂塔·韦姆斯、雪莱·沃尔夫、吉·博伊斯、摩根·德拉斯敏、埃迪·冯·索恩、悉尼·德容、佩格·哈克特·坎西恩、杰曼·鲍蒂斯塔、皮拉尔·门多萨、黛比·伦德·考德威尔、贝拉·斯卡拉、爱德华多·拉巴萨和"牛仔"。

目 录

Contents

托尔特克   1

引言　迷雾之镜   3

1
教化与现世梦境   001

2
约定一
善用美好的语言   025

3
约定二
不受他人言行影响   045

4
约定三
不要妄加揣测   059

5

约定四

凡事尽力而为　　071

6

托尔特克自由之路：

打破旧枷锁　　089

7

崭新的梦想：

人间天堂　　121

祷　告　　129

与自己的四项约定　　139

作者简介　　149

评论推荐　　153

托尔特克

数千年前，生活在墨西哥南部的托尔特克人被称为"有知识的民族"。人类学家口中的"托尔特克"是一个国家或是一个民族，但其实"托尔特克"是由一群科学家和艺术家组成的社会，他们探索并保留了古代人的精神智慧和实践经验。在墨西哥城外被称为"凡人成神之地"的金字塔古城特奥蒂瓦坎，教师（纳古尔[1]）和学生群聚而居。

---

1 Nagual，这是对精通巫术之人的称呼。——译者注

千百年来，迫于欧洲征服者的入侵，以及少数学徒对个人权力的滥用，纳古尔被迫隐藏祖先的智慧，默默无闻地暗中保留。

所幸的是，托尔特克的深奥智慧在一代代不同世系纳古尔的努力下传承了下来。尽管数百年来它一直未曾面世，但古老的预言预示着新时代即将到来，古代智慧将重现于世人面前。现在，堂·米格尔·路易兹，这位来自"雄鹰骑士"一脉的纳古尔，受指引与我们分享托尔特克的智慧遗产。

与世界各地所有的神圣传统一样，托尔特克的知识也起源于真理的本质统一。它不是宗教，但会引领人们崇敬世界上所有诲人不倦的精神导师。虽然托尔特克的知识专注于精神世界，但准确来说它算是一种生活方式，其特质就在于它能帮助你获得幸福和爱。

引言

迷雾之镜

三千年前，有一个人住在群山环绕的小城里。他努力学习祖传的知识，致力于成为一位医师，不过他并不完全认同所学的知识。他发自内心地认为，一定还有更多深奥的知识在等待着他。

一天，他在山洞中睡觉，梦见了自己灵魂出窍。

他走出山洞，外面是一钩弯月。天朗气清，不计其数的群星清晰可见。接着他的身体出现了一些由内而外的变化，从此他的一生彻底改变了。他观察着自己的双手，感受着自己的躯体，听到自己的声音在说："我就是光，我就是群星。"

他再次望着群星，突然意识到光不是由群星散发出来的，而是有了光，群星才能被看见。"万事万物都始于光，"他自言自语道，"宇宙的间隙也并非一片空洞。"他认为世间万物组成了一个生命整体，而光就是生命的使者，它孕育生机，包罗万有。

接着他感悟到，自己虽与群星系出同源，但他已经不再是群星。"我身处群星之间。"他心想。于是他将群星称为"托纳（tonal）"，而穿梭于群星之间的光则是"纳古尔"。他知道，两者之间之所以能构成空间与和谐的关系，原因在于生命或意识。没有生命，托纳和纳古尔也就不复存在。生命至高无上，是一切事物的造物主。

他还发现：世间万物都是造物主的化身。因此他得出结论，人类的感受不过源于光对光的相互感知，而物质不过是一面镜子——万事万物都是镜子，它们反射光，并生成这道光的图像。但幻想之界，也就是梦境，则像一片掩人耳目的迷雾，让我们无法看清自己。"真实的我们是纯粹的爱、纯粹的光。"他喃喃自语。

这一发现让他的生活产生了翻天覆地的变化。认清了自我后，他开始观察自然和身边的人，所看到的一切让他无比惊奇。世间万物仿佛都是他自己的倒影——每个人、每只动物、每棵树，还有江河、大雨、密云、大地……他看到，托纳和纳古尔在生命的调和下，产生了亿万生命的化身。

短短几瞬，他就参透了一切。他兴奋得无以复加，但内心又平静如水。他等不及想要把自己的发现分享出去，却又无法用语言说得明白。他尝试向他人解释，但旁人难以理解。不过人们看得出他的变化，他的眼神和声音中都散发着魅力。人们注意到，他对任何事、任何人都不再持有偏见，他已经变得与众不同了。

他能够看透众生，但人们无法理解他。人们认为他就是造物主的化身。听见此语，他笑着答道："的确如此。我就是造物主，但你们同样是造物主。我们并无二致。我们都是光的倒影，我们都是造物主。"但人们仍旧无法理解他。

他认为自己就是人类的一面镜子，镜子中是芸芸众生，也是他自己。"人人都是镜子。"他说道。他从人们身上看得到自己的倒影，但人们无法从他身上看到自己的倒影。他意识到，所有人都在梦境之中，可人们从未意识到这一点，也从未看清自我的本质。他们认不清自己，是因为双眼为迷雾所蒙蔽。而建起这迷雾之墙的，就是光之影像的具体体现——人们的梦境。

他知道，自己很快就会忘记这些感悟。他想要将这些体会铭记于心，于是决定用"迷雾之镜"来称呼自己，从而提醒自己物质是一面镜子，而迷雾则会蒙蔽双眼，让我们无法认清自我。他说："我是迷雾之镜，在你们身上我能看到自己的倒影，而你们之所以做不到，是因为我们之间有着重重迷雾。这迷雾就是梦境，而这面镜子就是你，梦中人。"

闭上双眼，生活就不再苦难，

（因为你会）误解所看到的一切……

——约翰·列侬

Living is easy with eyes closed,
misunderstanding all you see. . . .

— John Lennon

1
教化与现世梦境

你此时的所见所闻不过是一场梦。你此刻意识清醒，但其实处于梦境之中。

做梦是头脑的主要功能。一天二十四个小时里，无论酣睡或清醒，你都会做梦。其中的区别在于：在大脑清醒时，我们会受现实框架的约束，安常习故；但在大脑沉睡时，框架的束缚被打破，我们的梦境就会变幻无常。

人类自古以来就在做梦。先于我们而存在的人早已构建了一个巨大的梦境，名为"社会之梦"或是"现世梦境"。现世梦境由千千万万人的微小梦境编织而成，成了一个有关家庭、社群、城市、国家，乃至整个人类文明的巨大梦境。现世梦境囊括了一切社会规则、信仰、法律、宗教、包罗万象的文化、政府、学校、社会事件，以及纪念节日。

我们生来就具有做梦的能力，古人教会我们如何编织社会之梦。社会之梦中有太多条条框框，因此，新生儿一出世，人们就必须将这些规则深深植根于他们的思想中。在社会之梦中，家庭、学校和宗教担任着引导者的角色。

"注意力"是一项能力，它能帮助我们鉴别出我们想要感知的事物，并专注于此。我们可以同时感知无数事物，但在注意力的帮助下，我们可以将真正重要之事留在脑海中。通过不断地重复，我们周遭的成年人吸引了我们的注意力，并向我们灌输他们的观点。

这就是我们认知事物的方式。

在注意力的帮助下，我们了解了现实，了解了梦境的全貌。我们学会了如何做人。何为信任和质疑、何为接受和拒绝、何为善恶、何为美丑、何为对错，这一切知识，这一切关于做人的规则与概念，是人们早已相沿成习的。

坐在学校教室里的你，专心致志地聆听老师的教诲；去教堂祷告的你，聚精会神地倾听神父的布道。与父母、兄弟姐妹之间的互动同样如此，他们都在尝试吸引你的注意力。我们也学会了吸引他人的注意力，这甚至演变成了颇具竞争性的需求。孩子们争相吸引父母、老师和朋友的注意力。"快看我在做什么！嘿，我在这儿！"孩子们对注意力的需求变得无比强烈，直至成年仍旧如此。

从我们所说的语言开始，社会之梦就吸引着我们的注意力，引导我们认知事物。语言是人类互相理解和沟通的钥匙。所有语言里的每一个字、每一个词都是一种关系。你现在所看的就是书中的一页，而"页"这个词就是人们都认可的关系。我们一旦了解了语言这把钥匙，人类之间的注意力就可以相互吸引，能量就可以相互转移。

你无法选择自己的母语，也无法选择自己的信仰和道德观念——在你出生以前，它们已经注定。我们也从未有过选择信任或是质疑的机会。在这些约定俗成之事中，连最微不足道的事都由不得我们去选。我们甚至无法选择自己的姓名。

孩提时代，我们从没有选择信仰的机会，只能被动地"认同"现世梦境通过其他人类传递给我们的信息。吸收知识的唯一途径就是认同。现世梦境就算吸引了我们的注意力，但如果我们不加以认同，这些知识就不会给我们留下深刻的印象。而认同就代表着相信，信念便由此产生。信念，指的就是无条件信任。

这就是我们作为孩童的学习方式。大人所说的皆是真理。我们认同他们、信任他们，这种信念坚定到足以控制我们对人生的看法。我们从未主动选择过这些信条，就算我们曾奋起反抗，也绝无可能撼动它们的地位。最终结果只能是屈服，认同这些信条。

这一过程就是"人类的教化"。在教化过程中，我们学习如何生存、如何做梦，社会不断向每个人灌输其主流意识，形成了整个信仰系统。孩童先是学习事物的名字：妈妈、爸爸、牛奶、瓶子……而在成长过程中，不论是在家、在学校、在教堂，还是从电视里，我们都在被告知该如何生活，哪些行为是合适的。社会在教我们如何做人。"男人"该是什么样，"女人"该是什么样，我们对此有一整套理论。我们还学会了评判：评判自己，评判他人。

教化孩童的方法往往与驯化宠物无异，我们会使用奖罚分明的方法。我们达成父母的期望时，大人们会夸"小伙子真棒！"或是"小姑娘真好！"；要是让他们失望了，我们就会变成"坏小孩"。

反抗规则将会受到惩罚，顺应规则将得到夸奖。一天里我们可能会受到很多次惩罚，也可能得到很多次夸奖。我们很快就会畏惧惩罚，也害怕不能得到夸奖。夸奖往往来自父母或兄弟姐妹、老师、朋友的关注，于是为了得到夸奖，我们学会了博取关注。

我们享受被夸奖的感觉，于是长期按照别人的意愿行事。为了逃避惩罚、博取赞赏，我们掩饰本性，讨好他人。我们想要取悦父母，在学校里讨好老师，在教堂里奉承神父，因此开始扮演不同的角色。我们违逆本心，装出另一副面孔，唯恐受到孤立，进而担心自己不够优秀。直到最后，我们失去了自我，成了父母、社会和宗教期望中的样子。

人的自我意识在教化过程中被磨蚀干净。等到思想足够成熟，对事理有了理解时，我们才学会拒绝。大人说"这不能做，那不能干"时，我们叛逆地拒绝，因为我们想要捍卫自由，想要做真实的自己，但我们的力量太过渺小，无法对抗强大的成年人。过不了多久，我们就变得畏惧，因为我们清楚，每一次犯错都将受到严厉的惩罚。

教化的力量过于强大，以至于到了一定程度后，我们甚至不再需要别人来教化自己。不需要家庭、学校和教堂，我们也能进行自我教化。在同样的信仰体系和奖惩机制下，我们熟练地教化自己：如若违背主流观念，我们就惩罚自己；要是成了"棒小伙"或者"好姑娘"，我们就奖励自己。

主流观念就像一部权威法典，用条条铁律框住了我们。它不容置疑，我们必须无条件地相信。我们的一切判断皆以主流观念为准绳，尽管有时它违背了我们的本性。就连"十诫"这类道德观念，也在教化过程中深深刻进了我们的脑海。诸如此类的观念汇集成为社会的主流观念，进而主宰了我们的意识。

我们的意识中存在着一位"法官"，引导我们评判包括天气、猫狗在内的一切事物。植根于社会主流观念之中，我们内心的法官指导我们该怎样行事、怎样思考、怎样感受。我们所经历的一切都受其支配。每当我们的行为有悖于主流观念，负罪、自责和羞耻的感觉就会油然而生。这种感觉每天都会出现，并且贯串我们一生。

我们还有着"受害者"的一面，接受来自外界的评判。我们的这一面背负着他人的指责、怪罪和嘲笑。它自怨自艾："可怜的我啊，又不优秀，又不聪明，又不吸引人，根本不值得被爱……"此时，高高在上的法官同意道："的确如此，你还差得远。"然而这一切虚妄的痛苦都来自我们从未选择信仰的价值观念。这种价值观念的力量太过强大，以至于我们在日后的生活中接触了新的观念、能够做出选择时，却仍旧不由自主地受其控制。

当你做出违背主流观念之事，你的腹腔神经丛中就会产生一股怪异的感觉——恐惧。触犯主流观念铁律，你就会在自己的心口撕开一道口子，并将毒害心灵的魔药灌入其中。因为主流观念中的内容都是不容亵渎的真理，违背真理定然会让你感到不安。尽管主流观念是错误的，但至少它能让你感到安心。

因此，想要挑战固有信念，我们需要具备很大的勇气。因为就算我们清楚自己并非主动选择这些观念，我们仍对其十分认同。这种认同感强烈到就算我们发现了这些观念是错误的，在违背它们时仍会感到自责、负罪和羞耻。

正如政府的法律规定了社会行为的框架，我们的社会主流观念也像法律一样，画出个人行为的方圆。所有律法条文都存在于我们的意识中，我们深信不疑。我们所做的一切判断，都基于这些规矩。我们内心的

"法官"负责判决，而"受害者"负责受罪。但这些判决是否合理有效，由谁说了算？一报还一报，这是真正的公理。可犯了错就要接受无尽的责罚，这就毫无正义可言。

为了弥补一次错误，我们需要做出多少次偿还？答案是成百上千次。地球上的生物中，只有人类对同一个错误耿耿于怀。因为人类的记忆力太过强大。我们犯了错，评判自己的行为后，认为自己有罪，于是惩罚自己。如果公理存在，这么做已然足够，无须重蹈覆辙。然而，每当我们回忆起这次错误，我们就会再次评判、责怪、惩罚自己，如此循环往复。而如果我们的爱人再次提及，我们又将陷入这一循环无法自拔。这公平吗？

你曾多少次提起爱人、孩子或父母犯过的错误？

每当回忆起这个错误，我们就会再一次责备他们、伤害他们，让他们再一次付出代价。这公平吗？我们意识中的价值标准是错的，因为整个观念本就建立在错误之上。我们深以为然的价值观念中有百分之九十五都是谎言，正是因为把谎言信以为真，我们才会受苦受难。

深受主流意识熏陶的人类，已经对苦难、恐惧和情绪爆发习以为常。现世梦境并不美好，反而充斥着暴力、恐惧、战争和不公。每个人的个体观念可能略有差异，但就全人类而言，整体的观念和梦魇无异。人类生活在水深火热之中，是因为恐惧主宰了一切。在这个世界上，随处可见苦难、愤怒、仇恨、成瘾、暴力，以及数不清的不公现象。这些现象也许发生在不同的阶层、不同的国家，但本质都由恐惧所引发。

如果将宗教中描写的地狱与人类社会相比较，我们就会发现两者几乎一模一样。宗教典籍记载，地狱充斥着责罚、恐惧、痛楚，以及源于恐惧的无尽烈焰。而当我们有愤怒、嫉妒、仇恨等情绪时，我们心中就会烧起熊熊烈火，与堕入地狱无异。

如果将地狱比作一种精神状态，那么它无处不在。有的人也许会警告我们，如果不按他们说的做，我们就会下地狱。多可怕啊！可惜我们早已身处地狱，包括发出警告的人。因此诅咒别人下地狱成了空话，因为我们本就在地狱之中。诚然，只要我们不反抗，他人可以任意把我们推进地狱更深处。

每个人都有自己的价值观，然而就像社会主流价值观念一样，个体价值观同样受恐惧的支配。我们在自己的生活中也会将自己置于地狱之中。面对恐惧，每个人的表现不尽相同，但大致都会有愤怒、嫉妒、仇恨等负面情绪。因此，我们的个人价值观也可能会导致我们陷入噩梦，生活在恐惧之中。但其实我们完全可以避免噩梦降临，享受美梦。

人类始终追求真理、正义和美好。而我们之所以追求真理，是因为我们只相信意识里的那些谎言；之所以追求正义，是因为我们目前的价值体系中毫无公平正义可言；之所以追求美好，是因为无论一个人多么光鲜亮丽，我们也难以相信其心中存有善良。我们从未停下追求的脚步，却没意识到这些特质早就存在于我们心中。真理从来就不需要刻意追求。转过头所见一切皆是真理，但我们被死板的信念蒙蔽了双眼。

我们无法看到真理，是因为错误的信仰让我们迷失了视野。我们执着于证明自己是正确的，同时证明别人是错误的。我们太过于相信执念，最终被执念反噬。人类仿佛生活在伸手不见五指的浓雾中。这片浓雾就是你自己的价值观念：你的信念、你对自己的所有定义、你自己的执念，还有与他人甚至上帝达成的共识。

你的意识就是一片迷雾，托尔特克人称之为"米陶特（mitote）"。在你的脑海中，有成千上万人同时在交谈，但互相听不懂对方在说什么。人类意识的现状就是如此——身处一个巨大的、让你看不清自我的"米陶特"中。印第安人将这"米陶特"称为"玛雅"（maya）"，意为幻觉。这就是人类对自我的认知。你对自己、对这个世界的所有观念，你意识中的所有认知，都是"米陶特"的一部分。因此，我们才看不清自己的真面目，看不清自己受到了束缚。

因此，人类始终处于抗争的进程中。"活着"就是人类最深的恐惧。我们最恐惧的不是死亡，而是承受巨大的风险去真实地活着。做最真实的自己就是人类最深的恐惧。我们早已学会，活着就是为了取悦他人，因为我们恐惧不被接受、不受认可的感觉。

在教化过程中，为了做得更好，我们逐渐产生了"完美"的概念。我们想象着自己要做到什么样子，才能够被所有人接纳。我们尤其刻意地去讨好那些爱我们的人，比如爸爸妈妈、哥哥姐姐、神父和老师。我们努力在他们面前表现，营造出完美的形象，但我们并不能适配这个形象。从这个角度出发，我们永远都不可能达到完美。

我们会因为不够完美而否定自己。而自我否定的程度，取决于成年人对我们的打压有多狠。接受了教化以后，我们便会觉得自己不够完美。我们已经无法满足自己的期望，因为我们永远追不上自己对完美的定义。我们无法原谅自己没能成为想象中的样子，或者说曾相信注定会成为的样子。我们无法原谅自己没能做到完美。

我们深知，自己无法成为预期中的样子，于是我们认为自己虚伪、不诚实，感到沮丧。我们试着隐藏自己，扮演不属于自己的角色。结果就是，我们会感到不安，因此戴上面具，唯恐露了马脚。我们也会以自己对完美的定义去评判他人，而他们自然也不可能达到我们的期望。

我们贬低自己，只为讨好他人。为了受人接纳，我们甚至会做出伤害自己的举动。有很多青少年陷入毒品深渊，最初只是因为不想显得"不合群"。他们想让自己成为某种样子，因而背负着羞耻和自我责备。但这并非他们的本性。仅仅因为没能做到自己预期的样子，人们就会无止境地惩罚自己。他们会虐待自己，甚至借他人之手来虐待自己。

但给我们施加伤害最大的，永远是我们自己。原因无他，正是内心的"法官""受害者"，以及社会主流观念在发挥作用。诚然，有的人会说自己的妻子、丈夫或是父母在虐待自己，但事实上我们对自己施加的伤害比别人对我们施加的伤害要多得多。我们在评判自我时无比严苛。如果我们在光天化日之下犯了错，我们往往会选择否认和掩饰。但如果我们在四下无人之处犯了错，内心"法官"的声音将会被无限放大，负罪感将会空前强烈，我们会认为自己无比愚蠢、糟糕、一文不值。

人的一生中，只有自己对自己是最为严苛的。而你自省的程度，恰恰也是你对他人的忍耐程度。如果他人对你的评判超过了这个程度，你就会远离那人。但如果有人对你的评判稍稍低于这个程度，你八成会选择保持关系，并无止境地忍受他的评判。

如果你对自己足够严苛，你甚至可以忍受别人殴打、羞辱你。为什么？因为你觉得："我活该如此。这个人还能和我在一起已经是天大的恩惠了。我不配得到爱和尊重。我不够好。"

我们迫切需要别人的接纳和爱，却不愿意接受自己、爱自己。我们越爱自己，就越不会自怨自艾。自怨自艾来自自我否定，而自我否定源自无法达到自己期望中的完美模样。因此，我们对自己过于完美的期待，就是我们否定自己、排斥自己、排斥他人的根源。

新美梦的前奏曲

你和自己的周遭有着无数的关系，包括你的梦想、你的信仰、整个社会、你的父母、你的爱人、你的孩子。但最重要的，是你和自己的关系，其中包含着你的自我认知、情感、信仰，还有行为准则。这些事物的总和，就是你的个性。在这些关系中，你说："这就是我。这就是我的信仰。我要清楚自己能力的上限与下限，我要分清虚幻与现实，我要把握可行与不可行。"

维系一种关系并非难事，但同时维系许多关系才是我们痛苦的根源。如果你想拥有幸福充实的生活，你必须鼓起勇气，打破那些以恐惧为基础的关系，夺回属于自己的力量。源自恐惧的关系会耗费我们的心神，但源自爱的关系，可以帮助我们保存甚至获得更多能量。

我们生来都具有一定的能量，在每天休息时会得到补充。可惜，我们先是把能量耗费在创造关系上，接着又浪费在维系关系上。我们的能量被这些关系消耗殆尽，因此我们时常感到无力、彷徨。我们所具有的能量只能够勉强支撑日常生活，连最为微小的关系都无法改变，又谈何改变整个人生价值观呢？

如果我们可以认识到，我们的生活受这些关系主宰，我们必须摒弃这种人生观，那么我们就该去改变它们了。当我们下定决心改变时，有四个强大的约定可以帮助我们破除那些源自恐惧、消耗心神的关系。

每当你打破一种关系，你用来创造它的能量就会回归。如果你能够将四项约定都变为现实，那么你获得的能量将足以支撑你彻底颠覆旧的落后人生观。

　　要履行这四个约定需要强大的意志——但如果你能够在生活中遵守它们，你会发现自己的生活将发生翻天覆地的变化。你会看到，过去那地狱般的世界不复存在，取而代之的是只属于你自己的天堂圣地。

2

约定一
善用美好的语言

第一个约定是最为重要，也是最难遵守的。因此，成功做到了这一约定的要求，你就可以达到"人间天堂"的生存状态。

它就是"善用美好的语言"。听起来非常简单，但它十分重要。

为什么是语言？因为语言是你用以进行创造的力量。语言是上帝赠予你的天赋。《约翰福音》中提到宇宙的开辟："太初有道，道与神同在，道就是神。"通过对语言的运用，你可以展现自己的创造力，表达自己的思想。无论你讲的是哪一种文字，你的意图都需要通过语言来表达。你的所思所梦，你的真实本我，都要通过语言来表达。

语言并不仅仅是声音或符号。语言是一种力量，让你得以交流、思考，并去经历你所经历的一切。你可以开口说话。除了人类，世界上还有哪种动物有此特权？语言就是你作为人类最有力的工具，它充满了强大的魔力。但语言就像一把双刃剑，它能够编织出最美好的梦境，也能够摧毁你身边的一切。滥用语言的力量，可能被打入阿鼻地狱；善用美好的语言，只会创造出美好、爱和人间天堂。是展翅翱翔，还是作茧自缚，一切都取决于你如何运用语言。你所拥有的力量都蕴含在语言之中，如若误用，语言就会变成伤人的利器。

语言的力量无比强大，以至于寥寥数语就可以改变人的一生，或是让生灵涂炭。几十年前有一个德国人，他用语言的力量操纵了整个国家的知识阶层，并将整个国家带入战争中。他教唆他人犯下了令人发指的罪行。他用语言激起人们心中的恐惧，让全世界人类发动战争、互相残杀。希特勒的语言来源于人类心中那些基于恐惧的信仰，在未来无数个世纪，它都不可能被世人忘却。

人类的意识就像一块肥沃的田地，我们不断播下种子。这些种子就是观点、想法和观念。播下一颗种子，一段思想，它就会发芽结果。语言就像一颗颗种子，人类意识就是合适的土壤，但问题在于生长得最为茂盛的往往是恐惧的种子。每个人的意识土壤都足够肥沃，但只会培育适合它的种子。因此重要的是我们要看清我们的意识土壤适合播种什么样的种子，并准备好接受爱的种子。

以希特勒为例：他散播恐惧的种子，它们飞速生长，造成了巨大的破坏。看到如此骇人的后果，我们必须充分理解语言的力量。仅仅是脑海中的一个恐惧或怀疑的念头，也许就能酿成弥天大祸。人类就像邪恶的巫师，不计后果地对彼此施加语言的魔咒。

所有人都具有魔法能量，可以施加魔咒，自然也可以解除魔咒。我们无时无刻不在以发表观点的方式施加魔咒。比如我看到一个朋友，随口告诉他一个我脑海里突然冒出来的想法："哎呀！你脸色好差，跟得了癌症似的。"如果他把这话当真了，那出不了一年他也许真的会患上癌症。这就是语言的力量。

在教化过程中，父母和兄弟姐妹在评论我们时根本不会有丝毫的犹豫。我们把他们的话当真了，于是产生了恐惧，比如不擅长游泳、运动，或是写作。有人评价道："这女孩真难看！"女孩如果听进去了，就会深信自己天生丑陋，这种恐惧将伴随她长大。她是否漂亮已经不重要了，只要将这些话信以为真，她就会认为自己真的丑陋。这就是施加在她身上的魔咒。

语言可以引起我们的注意，借此进入我们的意识，改变我们的信仰，无论好坏。再举一个例子：也许你认为自己不聪明，从你记事起就是如此。如果你信以为真那就麻烦了，因为如此一来你就会尝试去做很多证明自己不聪明的事情。你做了这些事情，然后心想："我也希望自己很聪明，但我一定笨死了，要不然怎么能干出这种事。"我们的意识可以去往任何方向，但也可能深陷于这种妄自菲薄的情绪之中。

后来，有人吸引了你的注意力，告诉你："你其实不笨。"你相信了他的话，树立了新的信心。于是你不再犯傻，不再觉得自己愚蠢。通过语言的力量，一道魔咒就被化解。反之，如果他说的是："你确实是我见过的最笨的人。"那么这道魔咒将会被加强。

※

现在我们来看看"impeccability"这个词，它的意思是"完美无瑕（无罪）"。这个词语来源于拉丁语的"pecatus"，意为"罪行"；而前缀"im"的意思是"没有"，因此这个词的意思就是"没有罪行"。宗教条约中总是提及罪行和罪人，但究竟什么是罪行呢？所谓罪行，就是违背本性之事。无论是你的感受、信仰还是言行，只要是违背本性的，就是罪行。你在批判和责备自己时，就犯下了罪行。而"无罪"就是完全相反的状态，意味着你遵循了本性。当你做到"无罪"时，你就可以做到为自己的所作所为完全负责，但又不会批判和责备自己。

从这个角度来看，"罪行"的概念由宗教或道德层面转变为日常生活的点滴。罪行始于自我否定，这也是你能够犯下的最大的罪行。在某些理念中，自我否定是一种"死罪"，将招致自我毁灭；而"无罪"将引领你走向新生。

善用美好的语言，意味着不要用语言来伤害自己。如果我在街上遇到你，嘲笑你很愚蠢，表面上是我用语言侮辱了你，但实际上，最后受到伤害的是我自己，因为你会为此记恨我，这于我无益。因此，如果我在盛怒之下用语言攻击了你，实际上受到反噬的是我自己。

如果我爱自己，在与你交流时我也会表达出爱，我的语言就是"无罪"的。善意是相互的，恨意也是如此。无论我对你有侮辱、自私，还是善意、感激的行为，你都会以平等的方式偿还给我。如果我用语言对你施加魔咒，你也会用语言对我做同样的事。

让语言"无罪"，意味着善用美好的语言，朝着真实和爱的方向去努力。如果你下定决心要善用美好的语言，仅是心怀这样的想法，真理之光也会在你身上闪烁，你心中的阴霾也会被一扫而光。但要下定这样的决心非常困难，因为我们已经习惯反其道而行之了。对他人、对自己说谎已经成了我们自然而然的习惯。我们并没有善用语言的力量。

语言的力量被完全滥用，我们用语言去诅咒、责备、怪罪、破坏。诚然，我们也有善用语言的时候，但少之又少。大部分时候，我们用语言传播负面情绪——愤怒、猜忌、嫉妒，还有仇恨。语言拥有强大的魔力，它是我们作为人类最特别的天赋，却被我们用来互相伤害。我们用语言计划报复、制造混乱，加深家庭、种族、国家间的隔阂。我们以滥用语言的方式创造了地狱般的噩梦，让彼此置身于无尽的恐惧和质疑之中。语言是魔法，滥用语言则是邪恶魔法。我们无时无刻不在使用邪恶魔法，却不自知。

举个例子，有一个十分聪慧善良的女人，她很爱自己的女儿。一天晚上她下班回家，辛苦工作一天之后身心俱疲，头痛不已。她想安安静静地休息，但她女儿在一边开心地唱唱跳跳。女儿并不了解妈妈的感受，只顾着自己欢乐。她感觉开心极了，跳得更欢快、唱得更大声，表达着自己的喜悦和爱。但她发出的声音太过吵闹，让妈妈的头痛越发严重。终于，妈妈的忍耐到达了极限，冲着可爱的女儿大吼："闭嘴！难听死了。别吵了！"

其实，妈妈之所以爆发并非因为女儿唱得难听，而是因为她已经忍受不了任何噪声的吵闹了。但女儿对妈妈的话信以为真，觉得自己唱歌真的很难听，甚至会让别人厌烦，于是从此以后再也没有唱过歌。她在学校里变得孤僻，有人邀请她唱歌，她也会拒绝。甚至连和别人讲话对她来说也很困难。小女孩的人生都因为这一个想法而改变了：她相信，要想被别人接受和喜爱，必须压抑自己的情绪。

如果我们听到一个观点并信以为真，它就会成为我们价值观念的一部分。故事里的小女孩长大后，就算本有好听的嗓音，但再也没唱过歌。仅仅因为一句气话，她产生了解不开的心结。然而对女儿施加魔咒的，正是世上最爱她的人：妈妈。妈妈从未意识到自己对女儿的所作所为。她并不了解语言的力量，因此我们不应责备她。她只不过是在重复自己的父母、周边的人曾对她做的事：滥用语言。

我们是否如此对待过自己的孩子？我们将这种观点强加到孩子身上，他们将一直背负这种邪恶的魔咒。本来最爱我们的人却深深伤害了我们，但他们对自己的所作所为一无所知，而这恰恰也是我们要原谅他们的原因。

再举个例子。早上起床时，你心情舒畅。你在镜子前花一两个小时，让自己更光鲜亮丽，好友却评论道："你这是怎么了？真难看。瞧你穿的是什么衣服，太可笑了。"简单几句话，就足以将你的好心情击碎。也许他本就是为了伤害你才这么说的，他也的确做到了。他充分利用了语言的力量向你传达了一个观点。

如果你接受这个观点并相信它，你就需要调动所有能量去对抗它。它就成了你背负的魔咒。

这样的魔咒很难解除，最有效的方法就是相信事实。忠于事实，就是保证语言"无罪"最重要的条件。这把双刃剑一边是产生魔咒的谎言，另一边则是用以打破魔咒的真相。只有真相能够让我们获得自由。

❧

回忆我们日常与他人的交谈，就能想象出我们曾经多少次用语言伤害彼此。渐渐地，这种交谈变成了魔咒中伤害性最大的一种，那就是"闲话"。

闲话之所以伤害性最大，是因为它完全以中伤他人为目的。我们在认同之中学会了讲别人的闲话。小时候，我们会看到大人们传三过四，对其他人品头论足，甚至对完全不认识的人也可以做出评判。而这些观点中无疑包含了中伤和诽谤，我们却以为这是一种交流的正常形式。

讲闲话成了人类社会最主要的交流形式。它能够拉近人们之间的距离，因为看到有人和自己一样痛苦总是一种安慰。有句老话叫作"同病相怜"，受苦的人可不愿独自承受一切。恐惧和苦难是社会主流意识用以压迫我们的主要方式。

如果将人类意识比作电脑，那么闲话就是电脑病毒。电脑病毒和正常的代码出于同源，只不过是出于危害的目的而写成的。在你最意想不到的时候，这段病毒代码就会偷偷进入你的程序中。一旦病毒生效，电脑往往无法正常运行，甚至死机，因为读取的代码中包含了过多冲突信息，导致它无法执行有效指令。

人类的闲话也是如此。比如，你马上要开始学习一门期待已久的新课程，课程老师也是新的。课程第一天，你遇到了之前上过这门课的同学，他告诉你："这个老师就是个自大的混蛋！他根本不知道自己在讲什么，还是个变态，你当心点！"

　　这些话立马就印在了你脑海里，但他说这些话背后的情绪你并不清楚。这个人可能由于未能通过考试而刻意报复，或者仅仅是出于恐惧和偏见而胡乱猜测。然而，由于你像孩子一样，幼稚地相信了他的话，这种印象便在不知不觉中烙印在了你脑海里。于是在课堂上听到这位老师讲课时，存在你心底的偏见开始浮现，你却根本没意识到自己已经因为闲言碎语产生了偏见。于是你也开始在班上传播偏见，同学们都开始认为老师是混蛋和变态。你对这门课厌恶至极，于是准备退课。你将责任归咎于老师，但其实这都是流言蜚语造成的破坏。

这一切的罪魁祸首不过是一句短短的流言，一个误传的消息就能够破坏人们的沟通交流，像病毒一般感染并扩散到所接触的每一个人。每次他人对你传播流言时，就像往你的大脑中植入了病毒，让你无法正常思考。而你为了理清思绪、缓解情绪，又会将这种病毒传播给其他人。

想象一下，这种情况在全人类之间无休止地传播下去，结果就是，人们的沟通渠道被传染的病毒所堵塞，这种病毒就是前面提到的"米陶特"，像是成千上万个声音同时在你脑海里响起，让你的意识混乱不堪。

而更坏的是那些"邪恶巫师"，也就是故意散播流言的人。回忆一下自己或朋友生别人的气，并想要报复的经历。为了达成目的，我们会当面羞辱他人，或是背后指指点点、散布流言，只为了中伤他人。小时候我们做这种事就不会有什么顾虑，长大后我们的算盘打得越发精密，企图用最小的代价给对方造成最大的伤害。然后，我们又欺骗自己的良心，认为这不过是对方应受的惩罚。

通过流言蜚语去审视世界，我们很容易为残酷冷血的行为找到理由。但我们没看到的是，滥用语言正把我们推向更黑暗的深渊。

ꔮ

一直以来，我们不仅听信别人散播的谣言，也深受自己语言的困扰。我们总是对自己说："唉，我真胖，我真愁。我老了，头发掉光了。我真笨，什么也不懂。我这辈子就这样了，成不了什么事情。"看得出我们在如何伤害自己吗？我们必须去理解语言的本质和作用。如果你理解了第一个约定——善用美好的语言，你就会发现生活发生了改变，先是你对待自己的方式，然后是你与人相处的方式，尤其是与身边最亲密的人。

想必我们都曾为了获得支持，为了证明自己是对的，而出言中伤最亲密的人。你的观点仅仅代表你自己，它不一定是正确的。你的观点来自你的信仰、认知和价值观念。我们散播谣言、中伤他人，只为了证明自己才是正确的。

如果我们能够遵守第一个约定，能够善用美好的语言，我们就能够消除情感障碍，改善人际关系，甚至包括和宠物猫狗的关系。

使用"无罪"的语言，也能够帮助我们抵御来自他人的恶意中伤。负面情绪只有在合适的土壤中才能够生根发芽。当你善用语言，你的意识将无懈可击，只有爱的果实才能够茁壮成长。你的自我认同感越高，对语言的把控能力就越强。当你的语言完美无瑕时，你将获得长久的平静和满足。

善用美好的语言，你将能够超脱地狱般的噩梦。此时此刻，我就在你的脑海里埋下了一颗种子。它是否能够生根发芽，取决于你的思想土壤是否能够培育爱的种子。你要与自己约定：我要善用美好的语言。呵护这粒种子，当它生根发芽，就会有更多爱的种子长出来，消除恐惧的种子。第一个约定能够让你的心境变得平和。

如果你渴望自由、幸福，希望超脱地狱般的束缚，请善用美好的语言。它能带来的力量空前强大。善用语言来传递爱意。对自己说，自己很优秀、很了不起；

对自己说，你有多么爱自己。用这样的语言来打碎让你痛苦不堪的沉重枷锁。

这一切都是能够实现的，因为我曾做到过，而我并不比你强大。我们都是一样的，有着同样的大脑、身体，都是普通人。如果我能够打破枷锁，与自己建立新的约定，那么你也一定可以。如果我能够善用美好的语言，你凭什么不行？仅仅一个约定，就能够让你受益终身，让你的生活自由充实，扫清你生活中的恐惧阴霾，让你获得喜悦和爱。

善用美好的语言，能够让你远离噩梦，过上全新的生活。就算身边有千万个身处地狱之中的人，你也能够活在天堂，因为地狱再也无法影响到你。遵守这一个约定，你就能直达天堂：善用美好的语言。

3

约定二
不受他人言行影响

后面的几个约定，实际上都是第一个约定的延伸。第二个约定是"不受他人言行影响"。

不管身边发生了什么事，都不要让自己受到影响。再用之前举过的例子：如果我在街上看到你，说："嘿，你这个笨蛋。"但我不认识你，这件事情根本就与你无关，这是我自己的事。如果你太放在心上，受了我的影响，那你也许真的会认为自己很笨。你可能会对自己说："他怎么知道？是他看得穿人心，还是所有人都知道了？"

你太把中伤之语放在心上，是因为你太容易相信别人。一旦相信了别人的话，你就会遭受语言的中伤，进入苦难的地狱。而将你置于这种境地的，是我们称为"自我重视"的概念。它是自私的一种极端表现形式，因为这样的人会认为所有事情都因"自己"而起。在我们受教育或教化期间，我们习惯了将责任都归咎于自己。我们认为自己要对一切事情负责。

但别人做什么事情，从来都不是为了你，而是为了他们自己。所有人都生活在自己的梦境中，都有自己的意识。当我们将责任归咎于自己时，我们就是先入为主地认为他们了解我们的一切，并试图将我们的观念强加给别人。

就算是明显有针对性，别人直接侮辱你，其实也与你无关。他们的所言所为，所表达的观点，都来自他们自己的观念，都来自他们在教化过程中形成的习惯。

如果有人对你说："嘿，你真胖！"请不要受其影响，因为说这话的人表达的是自己的感受、情绪和观点。这个人试图中伤你，如果你太放在心上，就会受到真正的伤害。易受影响让你成为脆弱的猎物，他们仅仅是发表一点看法，就能够将毒药植入你的意识，控制你的情绪。

你吞下了他们塞给你的负面情绪，那么这些情绪会影响你的心理状态。但如果不放在心上，你就能够免受伤害，这就是遵守第二个约定带来的好处。

如果将中伤之语放在心上，你就会感觉受到了攻击和冒犯，自然而然地就会采取防御措施，进而引起冲突。由此，本来鸡毛蒜皮的小事可能演变成激烈的矛盾，因为你要证明自己是对的，别人都是错的。于是你也开始咄咄逼人，输出自己的观点，但这些都只是你自己的价值观。你的所作所为都源于你自己的信仰和观念，与我无关。

你对我有何看法，我并不在意，我也不会受你影响。人们说"米格尔，你太棒了！"的时候，我不会放在心上；同样地，人们说"米格尔，你太差了！"的时候，我也不会放在心上。因为我知道，心情好时他们会夸我是天使，心情差时又会说我是魔鬼。无论如何，这样的话都不会影响到我，因为我了解自己最真实的样子。我不需要被别人接纳，也不需要别人的夸赞。

我不会受别人影响。不管你有什么想法和感受，那都是你的事，与我无关。这是你对这个世界的看法，没有任何针对性。每个人都有自己的信仰和观点，所以不管别人有什么看法，其实反映的都是他们自己，而不是我。

　　你也许会告诉我："米格尔，你的话好伤人。"但伤人的不是我的话，而是你本就有伤口，我只是用语言触动了它们。是你在伤害自己。我不会受到你的影响，这并不是因为我不信任你，而是我知道，这只是因为我们看待世界的方式不同。在你自己的世界中，你是导演、是制作人，也是主演，其他人都是配角而已，生活这部电影只属于你自己。

　　而你如何看待这部电影，取决于你对生活的看法。你的价值观念是你个人的观点，与他人无关。所以，如果你生我的气，我知道你需要处理的是自己的问题。我只不过是你发泄情绪的出口。而你之所以生气，是因为你害怕了，是因为你心生恐惧。如果你没有恐惧，你就不可能生我的气，也不可能对我产生仇恨、嫉妒或沮丧的心情。

如果你毫无畏惧，如果你心怀爱意，这些情绪就没有容身之地，你自然而然就会感到幸福平和。而你情绪平和，生活里的一切就会显得多姿多彩，从而让你爱上生活，继而爱上自己。因为你喜欢这样的自己，满足于这样的自己，满足于这样的生活。你对自己的电影很满意，对自己的人生观很满意，你就会沉浸在欢乐幸福之中，以满怀爱意的心态对待一切事物。

❧

不管其他人有何作为、有何思想、有何言语，都不要受别人的影响。如果别人夸你很棒，他们也不是为你而说的。你知道自己本来就很棒，这一点不需要别人来告诉你。就算在极端的情况下，有人用枪射杀了你，这也与你无关。

你对自己的看法也不一定是正确的，因此，不要把自己听到的评价都当真。你的意识能够进行自我对话，但它也能够接受来自其他空间的信息。有时你会听到脑海中有人言语，而你不知这声音从何处而来。它也许来自另一个现实空间，那里生活着与人类十分相似的物种。托尔特克人把这些生物称作"盟友"。而在欧洲、非洲和印度，他们被称作"神"或"上帝"。

我们的心灵也存在于神的层面。我们的心灵还生活在那个实相中，并能感知那个实相。心灵用眼睛看到并感知这个清醒的现实，但心不依靠眼睛，也能看到并感知，尽管理性几乎意识不到这种感知。我们的意识存在于不止一个维度。有时，你突然会产生一些根本不属于你的想法，这些想法便是通过意识感知得来的。你可以选择是否相信这些想法，也可以选择是否受其影响。同理，对于是否服从于社会主流意识，我们也有选择的余地。

意识还能够进行自我对话。同身体一样，我们的意识也分为不同的构造部分。你可以说："我有一只手，可以握住我的另一只手，感受我的另一只手。"我们的意识也是同理。部分意识负责说，部分意识负责听。但如果你的意识中成百上千个部分都同时在说话，那麻烦就大了，这叫作"米陶特"，记得吗？

"米陶特"就像一家超市，有很多人大声交谈、讨价还价。每个人都有自己的感受和观点。同理，我们意识中的想法，互相之间也不一定能够兼容。每种意见就像一个独立的生命，有自己的个性和想法。那些相悖的意见之间不断冲突，在意识中展开大战。人们之所以不了解自己的所欲所求，正是因为"米陶特"的存在，因为意识里的各种想法相互冲突。

对于某些想法和行为，我们意识中这一部分持反对意见，另一部分持支持意见。这些生命体都想发声，因此引发了内部冲突。只有将各种意见分门别类，才能够定位冲突的根源，拨开"米陶特"的迷雾。

❧

不要将责任都归咎于自己，这样可以让你免受无妄之灾。人类痴迷于承受不同层面、不同程度的痛苦，而为了保持痛苦的状态，我们甚至彼此支持。人类乐于帮助彼此受难。如果你想要受虐，那将很容易得到满足。同样地，如果别人想要受虐，你的内心也会驱使你去满足他，就像他们背上刻着"请伤害我"这几个字一样。他们只不过是为自己的受虐倾向寻找正当理由，其实他们本就痴迷于受苦，并且这种倾向与日俱增。

无论去到哪儿，你都会发现有人对你撒谎。而你对此认识越深刻，你越会发现自己也在欺骗自己。不要期望别人会坦诚相待，因为他们也在欺骗自己。你只能相信自己的判断，选择是否信任他人。

当我们用不受影响的心态看待他人，我们就不会被别人的所作所为伤害到。即使遭受欺骗，也没有关系。他们之所以撒谎，是因为心中的恐惧，恐惧你发现他们并不完美。揭下面具会让他们无比痛苦。如果别人言行不一，那你必然只会关注他的行动。但如果你对自己诚实，你将免受心灵创伤。面对现实也许会受到短痛，但你不必束缚于此。恢复如初只需要一点点时间而已。

如果有人鄙视你、憎恨你，那么他们的离开其实是一件幸事。如果他们留在你身边，你反而会承受无尽的折磨。分别时刻你也许会感到短暂的痛苦，但你的心伤终将痊愈，你将追求自己真正想要的生活。你会发现，你不需要依赖别人，只要相信自己，就能够做出正确的选择。

当你的心境已经坚如磐石，难以受到外界影响时，你就能够免受生活中的许多苦难。愤怒、嫉妒，甚至痛苦等情绪，都会消失在你的生活中。

当能够将第二个约定当成习惯，你就会发现没有什么能够将你再度打入地狱了。不受他人言行影响，你将获得巨大的自由。你将对他人的中伤产生免疫，无论他们的中伤话语有多么恶毒。就算全世界都在传播你的流言，你也不会放在心上。就算有人刻意传播负面情绪，那也不会影响到你，传播者反而会自食其果。

也许你已经认识到第二个约定有多么重要了。不受他人言行影响，意味着你能够打破成规，逃出地狱，拯救自己于苦难之中。遵守第二个约定，你就可以挣脱让自己痛苦的层层束缚。而同时遵守前两个约定，让你陷入深渊的绝大部分枷锁都会被你一一打碎。

将这个约定写在纸上，然后贴在冰箱上，时常提醒自己：不要放在心上。

当你习惯于不受影响，你就无须依赖他人的言行。你可以对自己的选择负责。你从来就不需要对其他人的行为负责，你一直以来都只需要对自己负责。当你真正明白了这一点，并做到不受他人言行影响，来自他人的无心评论和行为就很难伤害到你。

如果你坚持履行这个约定，那么广阔天地、大千世界皆任你行，你不会受到任何伤害。你可以大大方方地说"我爱你"，不用担心遭到嘲笑或拒绝。你可以寻求帮助，你可以接受或拒绝，而无论如何选择，你都不会背负任何自责。你可以自始至终听从内心的指引。就算身处地狱，你也可以拥有内心的平和与幸福。你将永远处于极乐世界，地狱无法伤你分毫。

4

约定三
不要妄加揣测

第三个约定是：不要妄加揣测。

我们习惯对事物进行揣测。然而问题在于，我们总是先入为主，认为我们的揣测一定就是事实，并对其坚信不疑。我们妄加揣测他人的言行思想，并受其影响，然后责怪他们，用语言中伤他们。因此，我们妄加揣测无异于自讨苦吃。我们先入为主，产生误解，受到影响，但其实不过是庸人自扰。

你在生活中所经历的沮丧和冲突，其根源都是妄加揣测和易受影响的结果。请花一点时间仔细理解一下这句话。世上为掌握控制权而起的纷争，以及地狱般的噩梦，无不因此而起。

妄加揣测和易受影响制造了大量的负面情绪，因为我们会先把自己的揣测在讲闲话时散播出去。别忘了，讲闲话会令我们困在地狱般的噩梦之中，在人与人之间传播负面情绪。因为我们羞于问清真相，于是我们就先入为主，并相信我们的揣测是正确的。我们会捍卫自己的看法，并证明别人都是错的。不耻下问永远比妄加揣测更好，因为后者会引领我们走向痛苦的深渊。

人类意识中的"米陶特"引发了巨大的混乱，令我们产生误解。我们只会看到想看到的，听到想听到的，无法感知事物的本质。我们习惯于凭空幻想，进行没有事实依据的捏造。仅仅因为我们不理解某事，我们就妄加揣测它的意义，等到真相水落石出时，我们的幻想破灭，发现事实与想象大相径庭。

举个例子：你走在商场里，看见了一个自己喜欢的人，这个人朝你笑了笑便走开了。仅凭这短短一瞬间的经历，你就能做出很多揣测，进而引发很多幻想，而你又非常希望幻想成真，就先入为主地认为"这个人肯定也喜欢我"。于是在你的想象中，你与这个人开始一段恋情，甚至在梦中喜结连理。然而这都是你的臆想，是只存在于你脑海里的白日梦。

在人际交往时，妄加揣测往往是自讨苦吃。我们经常认为另一半了解自己的想法，所以我们无须言明自己的需要。我们先入为主地认为他们会按照我们的想法行事，因为我们觉得他们太了解我们了。如果他们没能按照我们预想的做，我们就会伤心，对他们说："你应该懂我的啊！"

再举个例子：你决定结婚，并先入为主地认为你的伴侣对婚姻的看法与你一致。然而在一起生活的过程中，你们产生了分歧和冲突，但你仍没有解释清楚你对婚姻的看法。丈夫工作结束后回家，发现妻子很生气，但丈夫不了解原因。也许是因为妻子随意揣测丈夫不忠。但她不但没有直言相告，而且认为丈夫对自己应该足够了解，知道自己想要什么。丈夫无法满足妻子的预期，于是妻子黯然神伤。交往中的猜忌会引起很多争吵和冲突，在我们与所爱的人之间制造误会和麻烦。

在所有人际关系中，我们都会先入为主地认为别人了解我们的想法，我们不必言明需求。他们足够了解我们，所以一定会按我们的想法行事。如果他们没能领会心意，我们就会感到受伤，说："你怎么能这么做？你应该懂我的啊！"这也是因为我们又一次先入为主地认为别人能够了解我们的想法，又据此凭空想象出一场大戏，引发更多的揣测。

人类思维的运作方式很有趣。为了安心，我们总渴望为万事万物找到公正的理由，渴望能解释和理解一切。我们有无数个问题等待着答案，因为有太多事情我们无法理解。但答案是否正确并不重要，只要有答案就足以安心。这就是我们妄加揣测的原因。

别人告诉我们某事，我们会妄加揣测；而别人隐瞒我们某事，我们更会去揣测，因为我们要满足好奇心和交流的欲望。就算听到了自己并不理解的事情，我们也会做出揣测，并深信不疑。而我们之所以总是先入为主，就是因为我们没有刨根问底的勇气。

在大多数情况下，我们甚至在无意间就草率地做出了揣测。我们对提问感到不安，如果别人爱我，就应该知道我的感受和想法。而当我们相信某事时，我们就会先入为主地认为自己一定是正确的，直到我们为了捍卫立场而牺牲彼此的感情。

我们先入为主地认为，别人和我们拥有同样的人生观，和我们拥有同样的思考、感受、判断和发泄方式。这就是人类犯下的最大的先入为主的错误。这也是我们羞于展示真实自我的原因。因为我们害怕别人评论、攻击或责备我们。因此，为了避免被人拒绝，我们提前拒绝了自己。这就是人类思维的运作方式。

我们也会揣测自己，产生心理矛盾。"我觉得我能做到。"比如你这么想，但最后发现自己做不到。你高估或低估了自己，因为你没有花时间看清自己。也许你在处理问题之前需要考虑更多现实情况，或者你要停止压抑自己的真实需求。

当你和自己喜欢的人交往时，你会给自己的情感找一个正当理由。你只会看到自己想看的，否认这个人身上有自己不喜欢的缺点。你欺骗自己，只为证明自己是对的。然后你开始妄加揣测，其中包括："我的爱会改变这个人。"但这是不可能的。你的爱改变不了任何人。如果对方真的改变了，那也是因为他发自内心地想要改变，而不是因为你的所作所为。然后，你们之间出现了问题，你受到了伤害。突然之间，你看到了之前不愿面对的缺点，因为你的负面情绪放大了这些缺点。现在，你又必须给自己的负面情绪找个理由，感叹自己遇到了错的人。

我们不需要证实爱，爱就是爱，不爱就是不爱。真爱就是接受对方真实的自我，不去改变对方。如果我们意欲改变他人，意味着我们不是真的喜欢他们。当然，如果你决定和某人一起生活，那么最好选择符合你想象的人，找一个你不想改变的人。比起改变一个人，找一个你能够接受的人要容易得多。当然，这个人也要同样地爱你，不会试图去改变你。如果别人想改变你，那就意味着他们不喜欢现在的你，那为什么还要和他们在一起呢？

我们必须做真实的自己，才能敞开心扉。如果你喜欢真实的我，那么就交往；如果你不喜欢真实的我，那就分道扬镳。这听起来也许过于直白，但这种交流方式意味着我们和别人沟通时做到了真诚和完满。

想象一下，终有一天，你不再揣测自己的伴侣，甚至不再揣测任何人。你们的沟通方式将会彻底改变，你们也不会再受到妄加揣测带来的伤害。

让自己不再揣测的方法，就是开始提问，确保与人的沟通足够清晰明了。如果你不理解，那就提问。鼓起勇气提出疑问，直到你完全了解了情况，但就算如此，也不要认为自己真的已经掌握一切。等到你得到回答，你就再也不需要揣测了，因为你已经知道了真相。

同时，我们也要鼓起勇气提出自己的诉求和需要。每个人都有满足或拒绝你的权利，但你也有提出诉求的权利。反之同理，别人也可以向你提出诉求，你也可以选择是否满足。

如果你对某事有疑问，那就提出问题，而不是妄加揣测。等到你不再先入为主的那一天，你与人沟通时将更明白清晰，不带任何负面情绪。没有了先入为主的倾向，你的语言就是"无罪"的。

在充分且明了的沟通下，你的人际关系将迎来新生，不仅仅是和你的伴侣，而是和所有人。你不需要再做任何揣测，因为一切都简单且清晰。你的想法是这样，我的想法是那样，如果我们能够如此交流，我们的语言将无懈可击。如果所有人类都能如此交流，能够善用美好的语言，那么战争、暴力和误解将不复存在。只需要通过简单、明了的沟通谈话，人类的所有问题都能得到解决。

这就是第三个约定：不要妄加揣测。当然，知之非难，行之不易。我们现在的做法往往完全相反，我们已经渐渐养成了习惯。因此，我们首先要正视自己的这些习惯，然后充分理解这一约定的重要性。但光是理解还不够，信息或者想法，仅仅是意识中的一粒种子，真正能够改变局面的，是采取行动。一次次付诸行动可以增强你的意志，滋养心中的种子，并为新习惯的养成打下坚实的基础。在不断实践这些约定后，你会发现它们已经成为下意识的行为，并将你从一个"邪恶巫师"改造成"善良巫师"。

"善良巫师"把语言当作创造、付出、分享和博爱的工具。踏实践行这一约定，你的生活将彻底改变。

当你颠覆了自己的观念时，你的生活也会发生翻天覆地的变化。你发现自己能做到心想事成，因为你的心灵世界一尘不染、畅通无阻。这代表着你掌控了自己的意志、精神、爱、感恩和生命。这就是托尔特克人的目标。这就是通往精神自由的通天大道。

5

约定四
凡事尽力而为

这是最后一个约定，它可以帮助我们将前三个约定养成根深蒂固的习惯。因此它和如何履行前三个约定有关：凡事尽力而为。

无论做什么事情，都要全力以赴，不要付出太多，也不要付出太少。但要牢记，你的"全力"时时刻刻在变化。万事万物都在变化发展，你的状态自然也有高低起伏。你早晨起床容光焕发的时候，状态自然比晚上疲惫困顿之时要好。健康与否、清醒与否，也会影响你的状态。甚至在你兴奋、沮丧、愤怒和嫉妒的时候，状态也各有高低。

你的最佳状态无时无刻不在波动。在你将第四个约定付诸实践后，你的最佳状态将更上一层楼。

无论结果如何，凡事尽力而为——但要把握自己的状态。如果你的付出超过了此时的最佳状态，你就会消耗过多的精力，从而产生反效果。过分努力无异于透支身体，导致花费更多时间去完成任务。但如果你敷衍了事，那就是自找内疚、遗憾、自责和后悔。

无论在何种境地，一定要尽力而为。就算你身缠疾病或困顿不堪，只要全力以赴，你就不会后悔，不会受自责、内疚的困扰。凡事尽力而为，你就可以打破长期束缚着你的魔咒。

曾经有个人想要超脱自己的痛苦，于是来到寺庙寻求大师的帮助。他找到大师，说："大师，若我每天冥想两个时辰，何时能够超脱？"

大师答曰："每日两个时辰，十年方可。"

男人觉得自己还能更加刻苦，于是再问："大师，若是每日冥想四个时辰，何时能够超脱？"

大师答曰："每日四个时辰，二十年方可。"

男人不解："为何冥想时间更长，反而超脱时间更久？"

大师答曰："你来此并非为了牺牲自己生命中的愉悦。反之，你是来追求幸福和爱的。如果你每天冥想两个时辰已是极限，却硬要坚持四个时辰，那你就会感到疲惫，厌倦生活。凡事尽力而为即可，也许你会发现，无论冥想多久，你都可以过上幸福快乐的生活。"

❧

凡事尽力而为，你的生活将变得充实。你做起事来更加高效，你会更加善待自己，因为你会完美融入家庭、社区和周遭的一切。但令你感到无比幸福的，是你所做出的行动。凡事全力以赴，你就会出于爱而行动，而非期望回报。而大多数人的动机恰恰相反：只有在回报充足的情况下才会行动，并且厌恶行动的过程。因此他们做事无法全力以赴。

比如，大多数人工作时都盼着发薪水的日子，想着靠工作挣点钱花。他们整天期盼休息日的到来，要是能不上班还能拿钱就更好了。他们就是为了回报才工作的，因此他们抗拒自己的工作。他们想方设法地逃避工作，于是工作变得越来越困难，他们也就越发不可能全力以赴。

他们之所以辛苦地工作，不是因为他们享受工作，而是觉得自己不得不做。他们不得不为了支付房租而工作，为了养家糊口而工作。这已经让他们的意志跌落谷底，所以就算领到了工资，他们也不快乐。在整整两天的周末里，他们想做的是什么，实际做的又是什么？他们试图逃避现实。他们喝个烂醉，厌恶自己和现实。而当我们厌恶自己时，我们就会做出无数种伤害自己的事。

另一方面，如果不出于功利的目的去做事，你就会发现自己在享受每一个过程。回报自然会有，但你不会被它捆绑住。甚至因为你不期望回报，你最终所得的会比想象中更丰厚。如果我们享受自己的工作，凡事尽力而为，我们就是在享受生活，再也不会感到低迷和挫败。

凡事尽力而为，你内心的"法官"就无法让你感到内疚和自责。如果你已经全力以赴，那么在"法官"用主流观念律法审判你时，你可以回答："我已经尽力了。"你就不会留有遗憾。因此我们要凡事尽力而为。当然知易行难，但一旦付诸实践，它能帮你打破所有束缚和枷锁。

当你全力以赴时，你将学会接纳自己。但你必须保持清醒，吸收错误经验。这就要求你脚踏实地，诚实地对待结果，然后继续努力。这样做可以丰富你的经验。

全力以赴做事的感觉和被动工作有着天壤之别。当你享受做事的感觉，并且没有任何反感的时候，你就已经在尽力而为了。你付出全力，是因为你乐意如此，而不是迫于无奈，也不是为了讨好"法官"，更不是为了讨好他人。

如果你迫于压力才采取行动，你就不可能全力以赴，那还不如不做。你全力以赴，是因为这么做能让你感到愉悦。当你仅仅为了快乐而行动时，你才会付出全力。

　　脚踏实地能够塑造充实的生活，而懒散被动将导致空虚。成年累月坐在电视机前发呆，是因为你害怕生活，害怕表达真实的自己。勇于表达自己，就是脚踏实地的行动。也许你脑海中有无数好点子，但不付诸行动，都只是纸上谈兵，不会给你带来结果、收获和回报。

　　《阿甘正传》的男主角就是一个很好的例子。他虽然想法不多，但他做事踏实。他一直都很开心，因为他做什么事都全力以赴。他从不求回报，但生活给了他丰厚的奖励。付出行动就是积极生活，我们要勇于追寻自己的梦想。这并不等同于将你的梦想强加到别人身上，因为每个人都有追寻梦想的权利。

凡事尽力而为是一个好习惯。我自己在生活中都会将每件事做到最好。它成了我的习惯，因为我做出了这样的选择。这也是我所选择的种种价值观念之一。我做什么事都要有仪式感，并付出全力。洗澡要有仪式感，因为这是我表达对自己身体之爱的方式，我享受流水抚慰身体的感觉。我尽力满足身体的需要，也全心全意接受身体给我的馈赠。

　　在印度，有一个仪式叫作"普迦（puja）"。仪式中，人们取出各式各样代表众神的偶像，并伺候其沐浴、饮食，向其展示自己的爱。人们甚至对偶像颂唱赞歌。这些偶像本身并无意义，重要的是这个仪式整个过程，就是人们表达对神灵爱意的方式。

　　上帝就是生命，他存在于你的行动之中。表达"我爱上帝"的最好方式，就是在生活中凡事尽力而为。表达"感谢上帝"的最好方式，就是不拘泥于过去，活在当下。无论生活夺走了什么，请别再纠结。当放下过去，你才能让自己完全置身于当下。放下过去，才能享受现在的梦境。

活在过去你就无法享受现在，因为你总会纠结于过去的选择。你没有时间怀念过去的人和事，因为你还活着。如果你不能享受现在，你就只能活在过去，成为行尸走肉，整日自怨自艾、以泪洗面。

享受幸福、分享爱是你与生俱来的权利。你还活着，所以一定要把握机会，活个痛快。不要抗拒生活，因为这无异于抗拒上帝。你就是上帝存在的最好证明，你就是生命与活力的最佳代言人。

我们无须了解或证明任何事，只要勇于追逐梦想、享受生活，这就足够了。无论拒绝还是接受，都随心所欲，这是你与生俱来的权利。只有全力以赴，你才能做真实的自己。这才是你要在脑海中播下的种子。你不需要高深的知识或哲理，也不需要别人的许可。好好活着、热爱生活，这就是你神圣的一面。这就是上帝在对你说："我爱你。"

只有凡事尽力而为，前三个约定才能够生效。不要以为自己总能善用美好的语言，因为你的习惯已经深深扎根在意识中了。但你可以尽力一试。不要认为自己能完全不受他人言行的影响，但要尽力一试；也不要觉得自己再也不会妄加揣测，但你一定要尽力一试。

只要尽力而为，那么你滥用语言、易受影响、妄加揣测的习惯，都会随着时间而慢慢消散。就算有时违背了约定，你也不要感到自责和内疚。如果你已经尽了全力，就算你还是不禁先入为主，不禁受了影响或是口无遮拦，你也不会为难自己。

如果你能坚持不懈地全力以赴，你将主宰自己的蜕变。练习成就伟大，而凡事尽力而为，你就会成为自己的主人。我们的一切知识都是通过重复习得的，包括写字、驾驶甚至是行走。你能够流利地讲话，是因为你重复不断地练习了多年。因此，行动才是一切的关键。

如果你想要寻找自由、自爱，只要凡事尽力而为，你会发现自己很快就能找到终极答案。这并不是你做做白日梦或者整日冥想就能达到的境界。你必须动起来，做一个堂堂正正的人。你要尊重真实的自己，尊重自己的身体、享受自己的身体，要爱护、滋养、清洁、治愈自己的身体。锻炼能优化你的身体机能。这就是你对身体进行的"普迦"仪式，是你和造物主共有的美好。

你不需要膜拜圣母玛利亚、耶稣或是佛祖。当然，如果你想这么做，这么做能让你舒心，那就去做。但你的身体本就是造物主的杰作，如果你尊重自己的身体，一切就将变得不同。当你学会爱护身体的每一个部位，你就将在脑海里种下爱的种子。当种子生根发芽，你就会深深爱护、尊重你的身体。

于是，你的所有行为都能够代表你对造物主的尊敬和爱。接下来，你的思想、情感、信仰，甚至简单的是非判断，都代表着对造物主的尊敬。每一段想法都将成为你与造物主沟通的桥梁，你将活在一个没有批判、责罚的世界中，流言蜚语对你将毫无意义，你也不会再折磨自己。

当你能够践行这四个约定，便能够远离水深火热的生活。如果你能够善用美好的语言，能够不受他人言行影响，能够不妄加揣测，能够凡事尽力而为，你一定会拥有美好的生活。你将成为自己人生的主宰。

四个约定是转变人生观的纲领，是托尔特克人的重要精神遗产。社会的主流观念将不再影响你的个人信仰。现成的知识和方法只等你去付诸实践。你只需要遵从四个约定，并尊重它们所代表的意义和背后的力量。

全力以赴去履行这四个约定吧。你可以从现在开始给自己定下一个目标：我选择遵从四个约定。这句话简单易懂，小孩子都能理解。但要想付诸实践，则要求你有强大的意志力。为什么？因为我们在这个过程中会遇到无数艰难险阻。所有人都试图阻止我们履行约定，周遭的一切似乎都成了巨大的障碍。社会主流意识中的其他约定的确存在，并且十分强大。

因此，你需要成为一位出色的猎人、勇猛的战士，能够用生命守护这四个约定。你能否寻得幸福、自由，能否改变生活方式，都取决于此。你要树立起战士的决心，超脱这个地狱般的世界，不再坠入深渊。正如托尔特克人所说的那样，你的最终奖励是超脱人类受苦受难的经历，成为神的化身。

我们必须使出浑身解数，才能履行这四个约定。我一开始也没想到自己能够成功。在这个过程中，我倒下了无数次，但我坚持站起来继续前进。我从来没有后悔过自己的决定，我也不可能会有这种感受。我对自己说："虽然我倒下了，但我足够强大、足够有智慧，我一定能做到！"于是我再爬起来，继续前进。如此一次又一次，我变得越来越坚定，前进的路也越来越平坦。但刚开始的路的确充满了各种艰难险阻。

所以如果你倒下了，不要急着批判自己。不要给内心的"法官"任何机会。要拥有坚定的内心，站起来，继续履行约定。"我打破了自己要善用语言的约定。我会重新开始。在今天之内，我会严格履行四个约定。在今天之内，我要善用美好的语言，我不会受他人影响，我不会随意揣测任何人，做任何事我都会尽力而为。"

如果你还是打破了约定，那就明天再来，如此循环往复。一开始可能会很艰难，但一定会一天比一天轻松，直到有一天你发现自己能够完全履行四个约定，主宰自己的生活。你将会惊讶于自己的生活发生了多么大的改变。

你不需要信仰上帝，也不需要每天做礼拜。你的善良和自尊将日渐强大，你一定可以做到的。如果我能做到，你也可以。不要担忧未来的模样，将注意力放在当下，活在当下，过好每一天。全力以赴去遵守四个约定，用不了多久，你就能够完全掌握。今天就开启新生吧！

6

托尔特克自由之路：
打破旧枷锁

所有人都把"自由"二字挂在嘴边。世界各地，不同民族、不同人种、不同国家的人都在为了自由而奋斗。但到底什么才是自由？在一些国家，人们说自己生活在一个自由的国度。但我们真的自由吗？我们可以成为任何自己想成为的人吗？答案是否定的，我们并不自由。真正的自由和人类的精神密不可分——能够做真实的自己，才是真正的自由。

　　谁阻止了我们获得自由？我们归咎于政府、天气、父母、宗教，还归咎于上帝。但谁是真正的罪魁祸首？是我们自己。自由究竟意味着什么？有时候，我们说结了婚的人就没了自由，可就算离婚了也没人能恢复自由。问题出在哪儿？我们为什么不能做真实的自己？

我们还记得多年以前，那时的自己拥有自由、热爱自由，但自由的真正含义已经被我们淡忘。

三四岁的小孩或许才是真正自由的人。为什么？因为他们能够做任何自己想做的事。他们完全不受约束。就像一朵花、一棵树、一头野兽，完全未经社会教化的洗礼，能够自由自在地茁壮成长！我们还会观察到，两岁孩子的脸上时刻挂着灿烂的笑容，享受着欢乐。他们在探索这个世界，无忧无虑地玩耍。他们受了伤、肚子饿或是要求没得到满足时才会心生不满，但他们不在乎过去如何，也不担心未来怎样，只活在当下。

年幼的孩子不怕表达自己的真实感情。他们心中满怀爱意，因此能够全心全意地沉浸其中。他们也可以无所顾忌地付出爱。这才是正常人类的表现。孩提时代的我们，不担心未来，也不为过去悔恨。人类的正常追求是享受生活，去玩耍、去探索、去享乐、去爱。

但成年人究竟怎么了？为什么我们变了样，不再自由自在？从内心的"受害者"视角看，我们可以说我们的确经历了不幸；从勇士的视角看，我们会认为发生在我们身上的事又是正常的。我们任由社会主流观念、内心的"法官"和"受害者"掌控了我们的生活。我们再也不自由了，因为它们不允许我们展露真实的自己。一旦思想里充斥着这些杂物，我们就不可能再快乐。

这种驯化枷锁在一代代人类之间传承着，是人类社会的普遍现象。不要把受同化的责任归咎于你的父母。他们也只会把自己所了解的教给你。他们已经尽了全力。如果他们虐待你，那也是来自他们自己所受的教化，来自他们自己内心的恐惧和价值观念。他们无法掌控所受的教化，所以控制不了自己的行为。

你也不要责怪生活中任何批评你的人，包括你自己。但是时候终止这种批评行为了。只需要改变基础的价值观念，你就可以逃离"法官"的魔爪，摆脱"受害者"的身份。

幼时的你就藏在你内心，从未长大。当你享乐、作画、写诗、弹琴，或者做任何能够表达内心之事时，那个纯真的你就会再次显露。这些事都是你内心最美好的回忆——当纯真的你显露之时，你不再纠结于过去，也不再担心未来。

然而改变这一切的，是责任感。"法官"说："等等，你有责任，你还有事情要做，你得工作、你得上学、你得养活自己。"想起这些责任，我们立马拉下了脸，变得严肃起来。如果看过扮演大人的小孩，你就会注意到他们表情的变化。"我们来扮演律师吧！"他们的表情立马变得冷酷。我们去法院时看到的就是这种表情，这种表情代表的就是我们自己。我们仍是孩子，只是失去了自由。

我们想要追寻的是能够展露内心真实的自由。但看看我们的生活，大部分时候我们只是在取悦他人，想要被接纳，而不是想办法取悦自己。因此我们无法随心所欲。而在这个世界所有文明中，百分之九十九的人都被完全教化，无法做到随心所欲。

最糟的是，绝大部分人甚至根本没意识到自己不自由。我们内心有个声音一直在说："你不自由。"但我们不理解这声音来自何方，也不理解我们为什么不自由。

问题在于，大多数人一辈子从未意识到自己的生活受"法官"和"受害者"主宰，因此根本没有获得自由的机会。获得自由的第一步，就是要有意识。要想变得自由，必须意识到自己不自由。正如要想解决问题，就必须搞清楚问题是什么。

做什么事情，先有意识往往都是第一步。因为如果你都意识不到有问题，那也谈不上解决问题了。如果你意识不到自己心中已经充满了伤口和负面情绪，你就不可能去清除它们，因此将继续受罪。

但我们其实可以避免受罪。保持清醒，你就可以做出反抗，说："够了！"你可以想办法治愈并转变自己的观念。社会主流观念不过是一场梦，它并不真实。如果你直视这场梦，对它们发起挑战，你会发现给你造成伤害的大部分观念其实都是虚幻的。你会发现自己白白承受了多年的痛苦。为什么？因为你在脑海中建立起的价值观念，其根基是谎言。

因此，你必须掌控自己的梦。托尔特克人也正是因此成了梦境大师。你的生活是梦境的倒影，这是一门艺术，如果你不再认同自己的梦境，可以随时改变生活。梦境大师可以创造杰出的生活，他们通过选择的方式控制梦境。万事万物有其因果，梦境大师也完全了解这些结果。

模仿托尔特克人，是一种生活方式。这里没有领导者，也没有跟随者，你只需要找到自己的真理，并按照你的真理去生活。托尔特克人是智慧的、野性的，也是自由的。

有三项技能可以引导人们过上托尔特克式生活。首先是意识，这要求我们意识到真实的自我，看到所有的可能性；其次是转变，这要求我们学会做出改变，学会如何摆脱教化；最后是意愿，正是因为它的存在，我们才有毅力去转变，其中包含着无穷无尽的力量，它也是我们口中的"上帝"。意愿就是生活本身，是一种无条件的爱。因此，拥有强大的意愿，就拥有了爱的能力。

谈起托尔特克式的自由之路时，我们会发现他们有一套完整的体系，教你如何摆脱教化。他们将"法官""受害者"，以及社会主流观念和思潮比作寄生虫，它们会侵蚀你的思想。在托尔特克人看来，受教化的人，都已病入膏肓，思想和大脑已被寄生虫侵害。这些寄生虫，就以源自恐惧的负面情绪为食。

根据寄生虫的定义，我们知道它们会寄生在其他生物体内，掠取其能量，百害而无一利。"法官""受害者"和社会主流观念，都完美地符合这个定义。它们共同组成了一个由精神或情感能量构成的生命体。当然，这个"生命体"并无实体，毕竟我们的情感也没有实体。就像我们的梦境也非实体，但我们清楚它的存在。

大脑有一个功能，就是将物质能量转换为情感能量，换句话说，大脑就是情感的工厂。我们之前已经提到过，思想的主要功能就是做梦。托尔特克人认为，那些寄生虫——也就是"法官""受害者"，以及社会主流观念——牢牢掌控着你的思想，钳制着你的个人梦境。寄生虫在你的梦境中肆虐，吸食着你的生命能量，它们在恐惧中茁壮，在痛苦中发展。

我们所追求的自由，就是运用自己的思想和身体，去过属于自己的生活，不去依赖社会主流观念。当我们意识到，我们的思想被寄生虫所控制，而真正的自我却只能在角落里瑟瑟发抖，其实我们就只有两条路可走了。其一，我们就这样浑浑噩噩地过下去，继续臣服于"法官"和"受害者"，继续被社会主流观念裹挟；其二，我们可以返璞归真，学习当年孩提时期被父母教化时的自己：我们可以反抗，大声说"不！"，我们可以大力抵抗寄生虫的侵害，掀起一场针对"法官"和"受害者"寻求独立的战争，博得自由使用大脑和思想的权利。

因此，在美洲所有原始宗教传统中，无论是来自加拿大还是阿根廷的信徒，都自称"斗士"，因为他们在与思想中的寄生虫斗争。斗士勇于反抗，勇于发起斗争，但并不意味着总能取得胜利。但无论输赢，只有奋起反抗，我们才有机会获得自由。选择这条道路，至少给了我们反抗的尊严，我们也将不再活在自怨自艾或是他人的否定之中。就算最终被敌人打败，我们也不会再与那些始终臣服、不敢抗争的人为伍。

成为一名斗士，我们可以获得超脱社会主流观念的机会，获得走上"天堂"的机会。就像地狱，天堂也是存在于我们思想中的一个地方。这里充满欢声笑语，我们幸福充实，能够自由地去爱，去做自己想做的人。

我们在有生之年就可以去到天堂，无须等到死后。上帝无处不在，天堂无处不有，关键在于我们如何才能找到这个地方：首先需要消灭寄生虫。

寄生虫就像一头有着一千颗脑袋的怪兽。每一颗脑袋，都代表着我们心中的一种恐惧。想要获得自由，就必须消灭寄生虫。一种方法是与怪兽针锋相对，削去每一颗脑袋，意味着直面自己的每一种恐惧。这个过程十分缓慢，但行之有效。每次战胜一种恐惧，我们就会变得更加自由。

另一种方法，就是不再为寄生虫提供养分。如果寄生虫失去了食物的来源，最终就会死于饥饿。要这样做，我们必须取得自身情感的掌控权，必须切断来源于恐惧的情绪。然而知易行难，毕竟我们的思想仍被"法官"和"受害者"掌控。

还有一种方法，叫作"死而后生"。这种方法在世界各地的文化中都有出现，包括埃及、印度、希腊和美洲一些国家。这里的"死"并非真正意义上的失去生命，而是一种象征性的说法，可以在不伤害身体的前提下，杀死寄生虫。当我们"死去"，寄生虫必然也随之死去。这种方法比前两种来得更加高效，当然难度也更大。我们必须拥有极强的勇气，才能面对死亡的使者。

改变的艺术：第二信念

我们已经了解到，你目前所拥有的梦境来源于社会主流观念，你的价值观念都是别人强行塞给你的。教化的过程，也可以被称为"第一信念"，因为在这个过程中，你第一次运用了信念，来创造你最开始的价值观。

要想改变信念，就要关注那些信条和信仰，在自己心中加以改变。在这个过程中，你第二次运用了信念，创造了"第二信念"，或者说是"新信念"。

两者的区别在于，你不再天真无知。年幼时的你并没有选择，但你如今已不再年幼。现在，你有什么信念，你又唾弃什么，完全取决于自己。你可以选择相信任何事情，其中就包括相信你自己。

第一步，就是要清楚自己的思想被迷雾笼罩。你必须清楚，自己无时无刻不处于梦境之中。只有意识到这一点，你才有改变梦境的可能。当你意识到，生活中所有的不公和无奈，都来自你的信念，而你的信念皆为虚妄，你才可以着手改变。然而，你必须清楚自己究竟想要改变什么，目标清晰，才能行之有效。

第二步，认清究竟是哪些信念压迫着你，让你恐惧。你可以盘算自己具体有哪些信仰，然后在这个过程中开始改变。托尔特克人把这一过程叫作"改变的艺术"。你将改变心中那些让你痛苦的信念，掌握改变这项高超的技能，从而随心所欲地改变自己的思想。其中一个方法，就是不断探索、尝试不同的信仰，比如"四个约定"。

如果你决定相信"四个约定"，你将对寄生虫发起一场战争，赢回你的自由。"四个约定"将给你带来终结情感创伤的机会，从而让你能够享受生活，进入全新的梦境。当然，是否去探索这些可能性，完全取决于你自己。"四个约定"被创造出来，就是帮助你实现

"改变的艺术"，帮助你打破枷锁，获得更多能量，变得更加强大的。你越强大，就能够打破越多枷锁，从而早日直面负面能量的核心。

直面负面能量的核心，也被我叫作"身陷沙漠"。走进沙漠深处，你将与邪恶针锋相对。而当你走出沙漠，所有恶魔都将变成天使。

将"四个约定"付诸实践，需要耗费大量的精力。不过，你每打破一道枷锁，你的力量就强大一分。所以，你可以先打破那些较弱的枷锁，慢慢积蓄力量，直到能够直面心中最大的邪恶。

比如，我们之前提到过一位被母亲说唱歌难听的女孩，她已经二十岁了。如果她要克服恐惧，其中一个方法就是给自己打气："虽然我唱歌难听，但我就是要唱。"然后她可以假装有人在给她鼓掌叫好。这样做也许能使枷锁松动些许，但远不足以打破它。不过，她可以获得一点点力量，那么久而久之，当她不断尝试，总有一天她能够彻底打破这道枷锁。

这只是自我拯救的其中一种方法。对于每个让你痛苦的信念，你必须将其换成令自己幸福的信念。这样，那些旧信念就不会死灰复燃，永远被新的信念取代。

你的脑海里将会有许多根深蒂固的信念，告诉你这个过程根本无望。因此，你需要保持耐心，脚踏实地，要清楚这是一个长久的过程。你目前的生活，是很多年的教化结果，因此你也不应该指望一夜之间就能摆脱教化。打破旧信仰之所以非常困难，就是因为我们早已把自己的个人意愿融入其中。

要改变信念，需要花费与创造信念同样的力量。

投入的力量较少，是不可能改变信念的，而我们几乎已经用尽了浑身解数，去创造旧的信念。这是由于我们的信念，就像一种极易成瘾的毒品，我们已经习惯了自己的样子，已经对愤怒、嫉妒和自我否定产生了依赖。

所有这些控制着我们梦境的旧信念，都是我们日复一日重复的结果。因此，要将"四个约定"付诸实践，你也必须不断地去重复，这样你才能熟练地掌握它们、运用它们，成为大师。

斗士的自律：控制你的行为

想象自己清早起床精力充沛，期待一天的生活。你感觉很好。你开心、充实，对今天充满期待。然后吃早饭时，你和爱人大吵一架，于是情绪的洪水决堤。你开始变得愤怒，需要花费很多精力处理情绪。吵完架后，你精疲力竭，只想大哭一场。于是你回到房间，倒在床上，治愈着自己。你一整天都被这种情绪包裹，无法脱身。你失去了继续前进的能量，只想躲避一切。

每天醒来时，我们都会获得一定的精神和身体能量，用来应付一天的生活。如果我们任由能量被情绪剥夺，我们就无法改变生活、影响他人了。

你如何看待这个世界，取决于你当下的情绪。当你愤怒之时，周遭事物都显得与你格格不入，一切都是错的。你怪罪一切事情，比如天气，不管是晴天还是下雨，都无法取悦你；当你悲伤之时，所有事情又变得令人不快，看到路边的树你想哭，看到天上下雨你也想哭。也许你会感到自己十分脆弱，想要把自己封闭起来，因为你不知道何时会受到伤害。你再也不信任身边的人和事。这一切，都是因为你在用恐惧的眼光看世界！

想象一下，人类的思想其实和皮肤一样。皮肤健康光滑时，摸起来很舒服，而被抚摸的人也会感到愉悦。再想象一下，你受了伤，伤口还感染了。如果这时候有人来触碰伤口，你就会感到疼痛，下意识地想去保护伤口。就算被抚摸，你也不再愉悦，因为会痛。

再想象一下，所有人的皮肤上都有伤口。于是人们不再互相触碰，因为会痛。但正因为所有人身上都有伤，受伤、感染也被视为平常之事，人们才会以为这是天经地义的事情。

如果情况真是如此，人与人之间将如何相处？我们当然不再拥抱，否则只会令彼此痛苦。于是人与人之间的隔阂越来越大。

人类的思想也是如此。每个人的思想都有一具身体，这具身体上遍布伤痕。每道伤口都被情感毒药感染，比如仇恨、愤怒、嫉妒，以及悲伤。一旦遇到不公之事，这具身体就会再次多出一道伤痕，因为我们心中早就有着公平的信念。在教化过程中，这具身体变得伤痕累累，大家又觉得这很正常。但这一点也不正常。

社会主流观念本就存在缺陷，于是人们都染上了一种叫作"恐惧"的精神病。这种疾病的外在表现，在于人们会产生令自己痛苦的一系列情绪：愤怒、仇恨、悲伤、嫉妒。当恐惧过于强大，我们就会失去理智。

当我们受到过大的伤害，伤口带来剧烈疼痛时，我们就会做出超乎常理的举动。

如果我们能认清自己的思想染了重病，我们就能找到治愈的方法。找到了解药，我们就不再受苦。首先，我们要直面真相。忍痛打开这些情绪伤口，去除受感染的部位，才能让伤口愈合。如何实现？我们必须原谅那些伤害过自己的人，不是因为他们值得，而是因为我们必须爱惜自己，不要再因这种不公平而伤害自己。

谅解是治愈心灵的唯一途径。我们可以选择原谅，是因为我们同情自己。我们可以放下一切仇恨，不再做审判自己的法官，不再惩罚自己、虐待自己。

首先，我们要原谅父母、兄弟姐妹、朋友，还有上帝。当你原谅了上帝，你才能真正原谅自己。而当你原谅了自己，你就不会再自我否定。你会开始接受自己，认可自己，爱护自己，最终完全接纳自己原本的样子，开启自由之路。谅解才是关键。

当你见到某人，情绪不再波动，你就知道自己已经原谅了他。听到这个人的名字，你也不会再有情绪。当你能够将过去的伤口示人，任人触碰也不再痛苦时，你就做到了真正的谅解。

真相就像一把锋利的手术刀，切割时固然疼痛，因为它会切开一切被谎言覆盖的伤口，但只有这样伤口才能真正愈合。这些谎言，就是对我们的否定。这些否定的存在是好事，因为这样我们可以以此遮掩伤口，继续生活。一旦我们治愈了所有伤口，去除了所有感染，我们便不再需要这些谎言了，因为就像健康的皮肤一样，我们健康的心灵，也不怕别人触摸。

问题在于，大多数人都无法控制自己的情绪，人类非但没有掌控情绪，反而成了受情绪控制的行尸走肉。当我们失控时，我们会说违心的话，做违心的事。因此，我们更需要注意祸从口出，要争当精神斗士。我们必须学会控制情绪，这样才有足够的能量去改变恐惧，逃离地狱，创造属于自己的天堂。

怎样才能成为斗士？世界各地的斗士，都有着类似的特质。首先，斗士头脑清醒。这非常重要。我们必须清楚自己正处于斗争中，必须严于律己才能获胜。这不是士兵的纪律，而是斗士的自律。我们不需要外界告诉我们如何行事，而是要发自本心地去行动。

其次，斗士掌控一切。这并不是说我们要掌控他人，而是要掌控自己的情绪，掌控自己。我们需要在情绪爆发时控制自己，而不是在情绪平稳时控制自己。斗士与受害者最大的区别，在于受害者会压抑情绪，但斗士会疏导情绪。受害者之所以压抑，是因为他们羞于展示情绪，不敢直言自己的想法。而疏导则完全不同，疏导是控制情绪，等到适当的时候再释放出来。因此，斗士能够达到完美。他们能够掌控自己的情绪，从而掌控自己的行为。

死而后生：直面死亡的使者

实现个人自由的最后一种方法，就是"死而后生"，以死亡作为指引。死亡的使者会指引我们，如何才能向死而生。我们会清醒地意识到，我们也许下一刻就会死，必须活在当下。我们也不清楚，自己明天会不会就离开人世。我们只是清楚，人可以活几十上百年，但自己呢？

如果我们去医院，医生说我们只有一周的寿命了，那我们会做什么？正如之前所提到的，我们有两个选择。其一，我们可以选择深陷即将离世的痛苦中，逢人便说自己要死了，上演一出悲情大戏；其二，我们可以享受剩下的时光，做自己想做的事情。如果我们真的只剩最后一周了，不妨放开了去享受生活吧。我们可以真正地做自己，不必再取悦他人，不再关心别人对自己的看法。

死亡的使者教导我们，把每一天当作最后一天去生活。每天睁开眼，我们可以对自己说："我醒来了。我看见了太阳。我要感谢太阳，感谢身边一切人和一切事，因为我还活着。又可以享受做自己的一天了。"

这就是我的人生信条，也是死亡的使者教会我的——要敞开身心，无惧风雨。于是，我满怀爱意地去对待我爱的人，因为这是我在世的最后一天，我必须让你知道我多么爱你。我不知道明天是否还能见到你，所以我不愿与你争执。

万一我和你大吵一架，说了那些伤人的话，结果你第二天就撒手人寰了呢？天哪，那我心中的"法官"将会判我无期徒刑，让我永远沉浸在自责之中。我甚至会后悔没有告诉你我多爱你。让我幸福的爱，是能让你知道的爱。我为什么要否认自己爱你？甚至你爱不爱我，也不重要。因为我们也许明天就不在人世了。此时此刻，告诉你我爱你，就是让我最开心的事。

如果你能像这样生活，你就做好了向死而生的准备。接下来，你脑海中那些旧信念，都将彻底灰飞烟灭。没错，那些寄生虫将存在你脑海中，但已永远是过去的记忆了。

所以，"死而后生"这个过程中，"死"的不是你，而是这些寄生虫。这个过程并不简单，因为"法官""受害者"都会竭尽所能地抵抗。他们也不想死。与此同时，也许我们会感觉到自己才是将死之人，心中会充满恐惧。

当我们生活在社会主流观念之中时，我们其实与行尸走肉无异。只有经历了"死而后生"之人，才能收获最宝贵的礼物：重生。重生，意味着心死而后生，再次迸发生机，成为本来的自己。重生就像是让自己回到了孩提时代，野性而自由，但有一点不同：我们不再像当初一样懵懂无知，而是拥有睿智的头脑。我们将有力量打破教化的枷锁，冲向自由，治愈心灵。

这就是托尔特克文化中，死亡的使者给我们的馈赠。他来到我们面前，说："你目之所及都属于我，而非你。你的房子、爱人、孩子、车子、工作、钱财——这一切都是我的，我可以予取予求，但现在，你可以暂时使用。"

如果我们臣服于他，我们就能获得永远的幸福。为什么？因为使者带走过去的一切，是为了生命能够在未来延续。每个瞬间，他带走的都是已经消亡的事物，而我们活在当下。寄生虫想要我们继续背负过去，让重担压得我们喘不过气来。而当我们活在过去，还怎么能享受当下? 当我们梦想未来, 又怎么能背负过去? 我们什么时候才能活在当下? 这就是死亡的使者要求我们去做的事情。

7

崭新的梦想：
人间天堂

请你忘记过去所学的一切。这是新信念、新梦境的开端。

你拥有的信念，是你自己的造物。它是你对现实的理解，你可以随时改变。你有强大的力量，可以创造地狱，更可以登入天堂。为什么不换一个梦境呢？为什么不利用你的头脑、你的想象力、你的情绪，去创造一个天堂呢？

运用你的想象力，奇迹就会出现。想象自己有义务去用不同的视角看待世界，每次一睁眼，你都将看见不一样的世界。

闭上眼睛，再睁开，看看外面的世界。

在你眼中，树木散发着爱意，天空笼罩着关怀，光线闪烁着希望。你周遭的一切都饱含爱，你去到哪里，哪里就是天堂。从所有事物身上，你都能接收到爱意，包括你自己和其他人。就算其他人处于伤心或愤怒的情绪下，在情绪背后也闪烁着爱意之光。

运用想象力和全新的视角，我希望你能过上崭新的生活，拥有崭新的梦境，不再自怨自艾，可以放心做自己。

想象你自己能够自由地享受生活，你就不会再与自己、与他人产生争执。

想象你自己不再恐惧于表达自己，你清楚地了解自己的所欲所求。在你想要的时候，你可以自由地改变生活方式。你不耻于提出诉求，也能自由地接纳或拒绝别人。

　　想象你自己不再恐惧于被人评论。你不会再根据别人的看法调整自己的行为，你不再为别人的观点而负责。你不需要去掌控别人，你也不在任何人的掌控之中。

　　想象你自己不再去评论他人。你可以轻松地谅解他人，放下心中的芥蒂。你不再需要做正确的事，也不需要指责别人的错误。尊敬自己，尊敬他人，你也将得到他人的尊敬。

　　想象你自己不再耻于爱人和被爱。你不再害怕被拒绝，你也不会非要被接受。你可以大胆表达爱意，不被羞耻所阻碍。你可以敞开身心与整个世界打交道，而不必担心受到伤害。

　　想象你自己不再害怕冒险和探索。你不计较于一时得失。你不害怕活在这世上，更不害怕死亡。

想象你接受自己真实的模样。你爱自己的身体，爱自己自然流露的情绪。你知道，这样的自己就是最完美的。

我之所以让你做出以上这些想象，是因为这些都是有可能发生的事！你会被感恩、福佑包裹，生活在天堂之中。但在经历这个梦境之前，你必须明白它的本质。

只有爱，才能让你置身于这种境界。身受福佑，就像被深爱。被深爱，就像天赐的福佑。你飘浮在飞云之上，无论去到何方，都被爱意包围。这是完全有可能的事情，因为有人已经做到，并且这些人与你并无不同。他们之所以能够身受福佑，正是因为他们改变了自己的信念，身处崭新的梦境之中。

你会爱上这种感觉。你会明白,"人间天堂"并不是痴人说梦,因为它真的存在。当你发现了它的存在,明白了自己有机会生活在其中,你就可以采取行动,让美梦成真。两千多年前,耶稣曾言天国是一个爱的国度,但当时的人们并没有做好接受这个概念的准备。他们只是说:"你在说什么?我的内心一片空虚,没有感受到你所说的爱意,我也没有你心中的那种平和。"你不必如此。只要想象,耶稣口中的爱是真实存在的,你终将收到它。

这个世界多姿多彩。当你以爱意看待世界,生活就会变得很简单。你将被爱意包裹,因为这是你的选择。也许你找不到爱的理由,但只管大胆去爱,因为爱能让你幸福。把爱付诸实践,就能收获幸福。爱能给你带来内心的平静,改变你对事物的看法。

以爱意看待世界，你将看清一切。你会发现，自己周围也充满了爱。如此生活，你的心灵就不再被迷雾笼罩，"米陶特"将消失不见。为此，人类已经苦苦追寻了无数个世纪。几千年来，我们一直在追求幸福，它仿佛已经成了失乐园。人类为此已经付出了许多，它是人类心灵进化的一步，更是人类的未来。

过上这样的生活是完全可能的，并且机会就在你手中。摩西说它是"应许之地"，佛祖称它为"极乐世界"，耶稣把它叫作"天堂"，而在托尔特克人口中，它是"崭新的梦境"。不幸的是，你的信念掺杂了这个社会的主流观念，让你陷入迷雾之中。你明知寄生虫的存在，却认为它本就是你的一部分。于是你很难放手，无法剔除寄生虫，创造爱的空间。你与"法官""受害者"的联系过于紧密，只有受苦受难才能让你安心，因为这种感觉太过熟悉。

但你本无须受苦，你受苦的唯一原因，是你如此选择。回看你的生活，你会发现很多受苦的借口，却没有任何受苦的理由。幸福也是同理，只有你选择幸福，你才能幸福。无论受苦还是幸福，都取决于你如何选择。

也许我们无法逃脱人类命运的禁锢，但我们可以选择：是受命运的煎熬，还是享受命运？是生活在水深火热的地狱，还是鸟语花香的天堂？我的选择是进入天堂，你呢？

祷 告

请闭上眼睛，敞开心灵，感受发自内心的爱意。

我希望你全身心进入我的文字中，感受强烈的爱意。我们将携手祷告，与造物主建立特殊的联系。

把注意力集中在肺部，仿佛只有它存在。深切感受肺部扩展，感受满足人体最大需求时的愉悦——呼吸。

深吸一口气，感受肺部充满空气。这时，空气不再是空气，而是爱。空气与你的肺部建立的关系，便是爱的关系。尽可能吸气，直到你的身体感到必须排出空气。然后再次呼吸，感受这种愉悦。因为当我们满足了身体的需要，我们就会感到满足。只是简简单单的呼吸，我们就能收获满足。只是简简单单的呼吸，就能让我们保持长久的幸福，享受生活。用心体验活在世上的满足，被爱意包裹的满足……

自由的祈祷

我们的造物主啊，今天我们请求您来到我们身边，与我们分享爱。我们知道，您的真名便是"爱"，与您建立联系，代表着我们与您同频共振，因为您就是宇宙中的万事万物。

今天，请您教会我们成为您，去热爱生活，去成为生活，去成为爱。教会我们如何去爱，不计条件，不抱奢求，不担义务，也不带评价。教会我们接受并爱护自己，而不带任何评价，因为当我们评价自己之时，我们就会感到罪恶，要惩罚自己。

教会我们无条件地去爱您的一切造物，尤其是人类同胞，尤其是我们身边的人。因为当我们拒绝别人，我们也是在拒绝自己，进而拒绝了您。

教会我们无条件地去爱别人的本来面目。教会我们接受他们，不做评价，因为当我们评价他人之时，我们会发现他们有罪，责怪他们，进而惩罚他们。

今天，剔除心灵中的情感毒药，刨除任何评价，我们才能生活在平静和爱意中。

今天是特别的一天。今天，我们敞开心灵，能够肆意去爱，能够不羞于对身边人说"我爱你"，并且满怀真心。今天，我们将自己交给您。请来到我们身边，用我们的声音，我们的眼睛，我们的双手，我们的心灵，与所有人建立爱的联系。今天，造物主啊，请您教会我们如何才能像您一样。感谢您赐予我们的一切，特别是能够活出真我的自由。阿门。

爱的祈祷

我们将会共享同一个美丽的梦境，在这个梦境中，你将无时无刻不被爱意包围。在这个梦境中，你置身于温暖、宜人的晴天，花香鸟语，微风拂面，小河流淌。你向河边走去，在河岸，有一位正在冥想的老人，头顶散发出五彩斑斓的光芒。你小心地不去打扰他，但他已经发现了你，睁开双眼。他的眼神饱含爱意，笑容温柔。你问他是怎么发出这些耀眼光芒的，他说，很多很多年以前，他也问过自己的老师同样的问题。

老人说起了自己的故事："我的老师打开胸腔，取出自己的心脏，从中取出一团美丽的火苗。然后他打开了我的胸腔，取出我的心脏，将那团火苗放了进去。他把我的心脏放回去后，我立马就感受到了强烈的爱意，因为那团火苗，就是他的爱。

"那团火苗开始成长，成了一团烈焰。但是它并不燃烧，而是净化了所接触的一切。火焰触碰到我身体的细胞，我的身体也报之以爱。我与自己的身体相融，爱意愈加强烈。这团火焰净化了我心灵中的所有情感，将它们变成了强烈的爱。于是我完全地、无条件地深深爱着自己。

"但那团火焰仍在不停成长，我想要分享这份爱。

我决定把自己的爱意放到每棵树里，于是它们也对我报之以爱，我与树融为一体。但我的爱仍未停歇，于是我把爱意放到每朵花里，每棵草里，每片土地中，它们也对我报之以爱，我与他们融为一体。我的爱意日益增长，我开始以爱意看待世界上每一只动物，它们也回应了我的爱，与我融为一体。但我的爱仍旧增长不止。

"我把爱放进每一块水晶、每一颗石头中，放进每一粒尘埃、每一种金属中，它们同样对我报之以爱，我与大地融为一体。然后，我决定把爱放进水里，放进大海、大河、雨水和白雪中，与它们融为一体。我的爱继续增长。我把爱给予空气，给予风。我和大地、空气、海洋、自然都有了紧密的联系，我的爱还在增长。

"我望向天空，看向太阳和满天星辰，把我的爱给予它们，它们同样也爱着我。我与日月星辰融为一体，我的爱仍在增长。于是我把爱意给予每一个人，和全人类融为一体。不管我去到何方，遇见何人，我都能在他们的眼中看到自己，因为我与万事万物融为一体，因为我热爱一切。"

　　老人打开自己的胸腔，取出心脏，其中有一团烈火熊熊燃烧，然后他把这团烈火放进了你心中。这团烈火在你的心中茁壮成长。你与风，与水，与星辰，与自然，与动物，与全人类融为一体。你感受到心中那团火焰迸发出强烈的热量和光芒，你的头顶也散发出了美丽的光线。你浑身散发出爱的光芒，祈祷着：

　　造物主啊，感谢您的慷慨赠礼。感谢您赐予我所需的一切。感谢您赐予我这美丽的身体和美妙的心灵。

感谢您给我带来的爱意、无瑕的灵魂，还有喜悦的光辉。

感谢您用我的言语，用我的双眼，用我的心灵去体验您的爱意。我爱您本身的样子，我本就是您的造物，因此我也爱自己本身的样子。请教会我如何保留这份爱和平静，并使这种爱成为一种新的生活方式，从此使我一生沐浴在爱的荣光中。阿门。

与自己的四项约定

THE FIRST AGREEMENT
Be Impeccable with Your Word

Speak with integrity. Say only what you mean. Stay away from using the word to speak negative of yourself or to talk about others. Use the power of your word in the way of love and truth.

约定一 善用美好的语言

以正直的态度说话。只表达你的真实意思。不要用消极的词来表达自己的态度或谈论别人。善用美好的语言表达爱意和真相。

THE SECOND AGREEMENT
Don't Take Anything Personally

Nothing others do is because of you. It is a reflection of their own reality. When you are unaffected by the opinions and actions of others, you will be free from pointless suffering.

约定二　不受他人言行影响

别人做的任何事都与你无关。他们的行为反映的是他们自己的存在。当你不再受他人的意见和行动影响时，你将摆脱毫无意义的痛苦。

THE THIRD AGREEMENT
Don't Make Assumptions

Have the courage to ask questions and to express what you really want. Communicate with others as clearly as possible to avoid misunderstandings, sadness,and drama. This alone can change your life.

约定三　不要妄加揣测

勇于提出问题，说出你真正想要的东西。尽可能清晰地与他人沟通，以避免误解、心情变糟和戏剧化。仅凭这一点就可以改变你的生活。

THE FOURTH AGREEMENT
Always Do Your Best

Your best is going to change from moment to moment, it will be different when you are healthy and sick. In all situations, simply do your best, and you will avoid self-judgement, self-abuse, and regret.

约定四　凡事尽力而为

　　你应该随机应变，你在健康或生病时，状态会有所不同。在所有情况下，只要尽你最大的努力，你就可以避免自我评判、自我虐待和后悔。

作者简介

堂·米格尔·路易兹（Don Miguel Ruiz）是一位著名的精神导师，也是"托尔特克智慧系列"畅销书作者，包括《爱的掌握》（*The Mastery of Love*）、《知识之声》（*The Voice of Knowledge*）、《四项约定指南书》（*The Four Agreements Companion Book*）、《火圈》（*The Circle of Fire*）、《第五项约定》（*The Fifth Agreement*），以及本书。这一系列图书已售出1500多万册，并在全球以52种语言出版，在《纽约时报》的畅销书榜上盘踞了十几年。

他出生在墨西哥农村，是13个孩子中最小的一个，父母都是古代托尔特克传统的疗愈师和实践者。年轻时，他从墨西哥城的医学院毕业，在蒂华纳和哥哥一起做神经外科手术医生。然而，一场近乎致命的车祸永远地改变了他的生活方向，导致他离开了医学，并审视了关于生命和人性的基本真相。在他母亲的帮助下，他接受家族的教诲，发现了自己的意识觉醒之路，这演变成了对物理宇宙和心灵世界的深刻理解。

结合托尔特克神话和科学观点，他已经能够将古代智慧与现代科学常识结合起来，为寻求真理和个人真实性打造了一种新的哲学。本书原版作为他具有里程碑意义的畅销书，指出了个人转变的长期有效步骤，并已被全世界数百万人阅读。

本书原版于 1997 年首次出版，并得到了美国前总统克林顿、奥普拉·温弗瑞、小甜甜布兰妮、音乐天后麦当娜、嘻哈歌手大肖恩、知名演员李美琪（Maggie Q）等人的推荐。他带给世界的智慧为他赢得了全世界的尊重。他一生都致力于通过实践分享他的感悟，以促进转变，并最终让人们的生活变得更好。他是墨西哥美国文化研究所颁发的文化和社会教育荣誉学位的获得者，在他的祖国被称为"国宝"。

堂·米格尔·路易兹现住在内华达州。

评论推荐

这本书简单而充满力量，

在每一次阅读中都对我的想法和行动产生了巨大的影响。

——脱口秀女王奥普拉·温弗瑞（Oprah Winfrey）

作者提炼了托尔特克的基本智慧，

以清晰和无可挑剔的表达阐述了这对生活在现代世界的

"和平战士"意味着什么。

——《深夜加油站遇见苏格拉底》作者丹·米尔曼

（Dan Millman）

这本书是我的生活指南，

教会我直面内心，自律自控，

每次重读都会有新的收获。

——知名演员李美琪（Maggie Q）

我在这本书里学到，

你不要受到他人言行影响，

包括好的或坏的。

否则那些狗屁东西会搞砸你的一整天，

搞砸你的一整周，

搞砸你的整个职业生涯，

搞砸你的整个心态。

所以，我真的学会了不注意别人在说什么，

而是只专注于自己正在做的事情。

——知名嘻哈说唱男歌手大肖恩（Big Sean）

这本书是通向启蒙和自由的路标。

——《成功的七大精神法则》作者迪帕克·乔普拉

（Deepak Chopra）

一本有着很多伟大内容的鼓舞人心的书。

——《你的误区》作者韦恩·戴尔（Wayne Dyer）

这不是"新时代"的自助书！

而是基于现代语言理论和哲学箴言的书。

它简单明了，帮助我战胜了许多挑战。

——美国亚马逊读者我是米姆（I'm Me Me）

作为一名拥有很多年经验的完全合格的认知行为疗法顾问，

我会在适当的时候向我的客户推荐这本书。

如果四个约定得到遵守，

就能获得个人自由，改变人生。

这一点也不夸张。

——美国亚马逊读者 K. 加德纳夫人（Mrs. K. Gardner）

作者帮我放弃了许多受限的信仰结构，

开启了对年轻和年老的灵魂都有价值的生活见解。

2022 年，距离我写下第一篇评论已经 19 年，

这本书还在我的床头柜上。

目前，我并不是每天都读它，

但每当我读它时，它都是一本好书。

——Goodreads 网站读者吉姆·米切尔（Jim Mitchell）

这本小书会打开你的心，给其中注入爱的光芒。

这种光会成长，变成一把火，

然后你开始把爱之光传播给你的家庭、

你的社区、你的国家，直至世界和宇宙。

——Goodreads 网站读者克里希纳·查坦亚

（Krishna Chaitanya）